物化历史系列

古玉史话

A Brief History of Archaic Jade in China

卢兆荫 / 著

社会科学文献出版社
SOCIAL SCIENCES ACADEMIC PRESS (CHINA)

图书在版编目（CIP）数据

古玉史话/卢兆荫著 . —北京：社会科学文献出版
社，2011.7
　（中国史话）
　ISBN 978 – 7 – 5097 – 2460 – 6

　Ⅰ.①古…　Ⅱ.①卢…　Ⅲ.①古玉器 – 文化 – 中
国　Ⅳ.①K876.84

中国版本图书馆 CIP 数据核字（2011）第 111721 号

"十二五"国家重点出版规划项目

中国史话·物化历史系列

古玉史话

著　　者／卢兆荫

出 版 人／谢寿光
总 编 辑／邹东涛
出 版 者／社会科学文献出版社
地　　址／北京市西城区北三环中路甲 29 号院 3 号楼华龙大厦
邮政编码／100029

责任部门／人文科学图书事业部（010）59367215
电子信箱／renwen@ ssap. cn
责任编辑／陈桂筠
责任校对／孙以年
责任印制／郭　妍　岳　阳
总 经 销／社会科学文献出版社发行部
　　　　　（010）59367081　59367089
读者服务／读者服务中心（010）59367028

印　　装／北京画中画印刷有限公司
开　　本／889mm×1194mm　1/32　印张／6
版　　次／2011 年 7 月第 1 版　　　字数／111 千字
印　　次／2011 年 7 月第 1 次印刷
书　　号／ISBN 978 – 7 – 5097 – 2460 – 6
定　　价／15.00 元

总　序

　　中国是一个有着悠久文化历史的古老国度，从传说中的三皇五帝到中华人民共和国的建立，生活在这片土地上的人们从来都没有停止过探寻、创造的脚步。长沙马王堆出土的轻若烟雾、薄如蝉翼的素纱衣向世人昭示着古人在丝绸纺织、制作方面所达到的高度；敦煌莫高窟近五百个洞窟中的两千多尊彩塑雕像和大量的彩绘壁画又向世人显示了古人在雕塑和绘画方面所取得的成绩；还有青铜器、唐三彩、园林建筑、宫殿建筑，以及书法、诗歌、茶道、中医等物质与非物质文化遗产，它们无不向世人展示了中华五千年文化的灿烂与辉煌，展示了中国这一古老国度的魅力与绚烂。这是一份宝贵的遗产，值得我们每一位炎黄子孙珍视。

　　历史不会永远眷顾任何一个民族或一个国家，当世界进入近代之时，曾经一千多年雄踞世界发展高峰的古老中国，从巅峰跌落。1840 年鸦片战争的炮声打破了清帝国"天朝上国"的迷梦，从此中国沦为被列强宰割的羔羊。一个个不平等条约的签订，不仅使中国大量的白银外流，更使中国的领土一步步被列强侵占，国库亏空，民不聊生。东方古国曾经拥有的辉煌，也随着西方列强坚船利炮的轰击而烟消云散，中国一步步堕入了半殖民地的深渊。不甘屈服的中国人民也由此开始了救国救民、富国图强的抗争之路。从洋务运动到维新变法，从太平天国到辛亥革命，从五四运动到中国共产党领导的新民主主义革命，中国人民屡败屡战，终于认识到了"只有社会主义才能救中国，只有社会主义才能发展中国"这一道理。中国共产党领导中国人民推倒三座大山，建立了新中国，从此饱受屈辱与蹂躏的中国人民站起来了。古老的中国焕发出新的生机与活力，摆脱了任人宰割与欺侮的历史，屹立于世界民族之林。每一位中华儿女应当了解中华民族数千年的文明史，也应当牢记鸦片战争以来一百多年民族屈辱的历史。

当我们步入全球化大潮的 21 世纪，信息技术革命迅猛发展，地区之间的交流壁垒被互联网之类的新兴交流工具所打破，世界的多元性展示在世人面前。世界上任何一个区域都不可避免地存在着两种以上文化的交汇与碰撞，但不可否认的是，近些年来，随着市场经济的大潮，西方文化扑面而来，有些人唯西方为时尚，把民族的传统丢在一边。大批年轻人甚至比西方人还热衷于圣诞节、情人节与洋快餐，对我国各民族的重大节日以及中国历史的基本知识却茫然无知，这是中华民族实现复兴大业中的重大忧患。

中国之所以为中国，中华民族之所以历数千年而不分离，根基就在于五千年来一脉相传的中华文明。如果丢弃了千百年来一脉相承的文化，任凭外来文化随意浸染，很难设想13亿中国人到哪里去寻找民族向心力和凝聚力。在推进社会主义现代化、实现民族复兴的伟大事业中，大力弘扬优秀的中华民族文化和民族精神，弘扬中华文化的爱国主义传统和民族自尊意识，在建设中国特色社会主义的进程中，构建具有中国特色的文化价值体系，光大中华民族的优秀传统文化是一件任重而道远的事业。

当前，我国进入了经济体制深刻变革、社会结构深刻变动、利益格局深刻调整、思想观念深刻变化的新的历史时期。面对新的历史任务和来自各方的新挑战，全党和全国人民都需要学习和把握社会主义核心价值体系，进一步形成全社会共同的理想信念和道德规范，打牢全党全国各族人民团结奋斗的思想道德基础，形成全民族奋发向上的精神力量，这是我们建设社会主义和谐社会的思想保证。中国社会科学院作为国家社会科学研究的机构，有责任为此作出贡献。我们在编写出版《中华文明史话》与《百年中国史话》的基础上，组织院内外各研究领域的专家，融合近年来的最新研究，编辑出版大型历史知识系列丛书——《中国史话》，其目的就在于为广大人民群众尤其是青少年提供一套较为完整、准确地介绍中国历史和传统文化的普及类系列丛书，从而使生活在信息时代的人们尤其是青少年能够了解自己祖先的历史，在东西南北文化的交流中由知己到知彼，善于取人之长补己之短，在中国与世界各国愈来愈深的文化交融中，保持自己的本色与特色，将中华民族自强不息、厚德载物的精神永远发扬下去。

《中国史话》系列丛书首批计 200 种，每种 10 万字左右，主要从政治、经济、文化、军事、哲学、艺术、科技、饮食、服饰、交通、建筑等各个方面介绍了从古至今数千年来中华文明发展和变迁的历史。这些历史不仅展现了中华五千年文化的辉煌，展现了先民的智慧与创造精神，而且展现了中国人民的不屈与抗争精神。我们衷心地希望这套普及历史知识的丛书对广大人民群众进一步了解中华民族的优秀文化传统，增强民族自尊心和自豪感发挥应有的作用，鼓舞广大人民群众特别是新一代的劳动者和建设者在建设中国特色社会主义的道路上不断阔步前进，为我们祖国美好的未来贡献更大的力量。

陈奎元

2011 年 4 月

⊙卢兆荫

作者小传

　　卢兆荫，男，1927年1月生于福建莆田。1949年毕业于福建协和大学历史系。中国社会科学院考古研究所研究员，中国文物学会玉器研究委员会副会长。1992年获国务院颁发的政府特殊津贴。

　　1958年开始从事汉唐考古发掘和研究工作。1958~1963年先后发掘唐长安城大明宫、兴庆宫和西市遗址，1968年发掘河北满城汉墓。曾主编《西安郊区隋唐墓》和《满城汉墓发掘报告》。参加编写《中国玉器全集》，任第4卷主编。发表过有关汉唐考古、汉代玉器和唐代金银器的学术论文数十篇，关于玉器和金银器的论文已汇集成书出版，书名为《玉振金声——玉器·金银器考古学研究》。

目 录

引 言

　　中国玉器有着十分悠久的历史，源远流长的玉器文化，在光辉灿烂的中华文明史中占有很重要的地位。发达的玉器文化，也是中华文明区别于世界其他文明的重要标志之一。

　　中华民族有着"爱玉"、"崇玉"和"贵玉"的传统，用玉的时间之早，延续的年代之长，在世界上首屈一指。成书于战国到汉代的《越绝书》中曾记载，中国先民所用生产工具的质料经历了四个不同的发展阶段：神农时候"以石为兵"；黄帝之时"以玉为兵"；夏代开始"以铜为兵"；战国以后"作铁兵"。这里所说的"兵"，应是工具和武器的通称。神农时候，一般认为相当于考古学中的新石器时代早期，但也有学者认为相当于旧石器时代；黄帝之时，一般认为相当于新石器时代晚期，也有学者认为相当于整个新石器时代。总之，至迟从我国原始社会后期开始，玉器已相当发达；在青铜（铜锡合金）工具出现之前，局部地区的玉器还可能取代了石器的地位，玉一度成为制作生产工具和兵器的主要材料。这在世界上其他具有古老文明的民族中是绝无仅有的。《越绝书》主要记载春秋时期吴越两国的事，书中所说"以玉为兵"，正是原始社会后期江浙地区玉器手工业空前发达的真实写照。

在原始社会，人们就地取材，用石料制作生产工具和武器；在产玉的地区，人们当然也使用玉材来制作工具和装饰品，且在相当长的一段时间内，可能是处在玉石不分的阶段。经过漫长的生产实践，人们逐渐发现玉的质地不同于石，质感温润而富有光泽。由于生产力水平的限制，当时不可能了解玉的矿物成分和显微结构，而只能根据肉眼观察，或通过制作玉器的实践，了解其简单的物理性能。直至汉代，人们对玉所下的定义仍然是"具有五种德的美石"。所谓"德"，是人们赋予玉的美德，属于形而上学的范畴，而"美石"则是具体的概念。

依据中国的实际情况，玉的定义应该有狭义的和广义的两种。狭义的玉，只包括软玉和硬玉，这两种玉都是真玉。软玉也叫闪玉，是指具有交织纤维显微结构的透闪石—阳起石系列矿物，硬度为 6～6.5 度，比重为 2.55～2.65。"软玉"是专有名词，不是指质地较软的玉石，它是中国历史上主要的玉料，最典型的是新疆和田一带所产的和田玉。硬玉是辉石族中的一种，也叫辉玉，即中国俗称的翡翠，硬度为 6.5～7 度，比重为 3.3～3.4。翡翠主要产于缅甸及其与我国云南省交界的地方。人类使用翡翠雕琢器物的历史不长，一般认为是从 18 世纪才开始的，所以中国古代的真玉，主要是软玉。广义的玉，除了上述两种真玉外，还包括许多属于假玉的彩石或美石，例如汉白玉、水晶、玛瑙、绿松石、蛇纹石等等。从实际情况考虑，研究中国古代的玉器，其对象应该是广义的玉，既要研究真玉器，也要研究彩石或美石制品。

从现有的考古资料考察，不同地区使用真玉的时间有早晚的差别。已发现的最早的真玉，出土在东北地区的辽河流域，年代为距今 8000 年至 7000 年。在长江下游的江浙一带，真玉的出现为距今 6000 年至 5000 年。长江中游及黄河流域出现真玉的时间更晚，距今不超过 5000 年。中国史前时期玉器的出现似有从北到南、从东到西的发展趋势。中国东部沿海地区，从辽宁到广东，是原始社会玉器文化最为发达的地区。

古人辨别真玉和假玉的方法虽然和现在不一样，判断玉料好坏的标准也可能和现在不同，但是其辨别能力还是很强的，而且随着时代的推移，其辨别能力也不断提高。在先秦文献中，假玉一般叫做"碈"或"珉"，也就是似玉的石。《礼记·聘义》中记载了孔子和弟子子贡的一段对话。子贡问孔子：君子"贵玉而贱碈"的原因是什么，是不是因为碈多而玉稀少的缘故？孔子回答说，"君子贵玉"不是由于碈多而玉少，而是因为玉具有许多君子应有的美德的缘故。《荀子·法行》篇记述这段对话时也说："虽有珉之雕雕，不若玉之章章。"意思是说，假玉虽然雕饰文采，还是不如真玉的明晰素质。随着玉器文化的向前发展，人们鉴别玉石的能力也不断提高。从许慎《说文解字》的记载可以看出，到汉代，人们不仅能分出真玉和假玉，而且在此基础上将玉石按质地分为美玉、玉、石之次玉者、石之似玉者、石之美者五个等级。

由于君子贵玉（真玉）而贱碈（假玉），所以用的玉是否为真玉以及真玉和假玉的比例大小，就成为用玉制度中等级高低的标准。据《周礼》的记载和《说文解字》的解释，周代用玉制度从天子到伯分为四个等级，即天子用纯玉，上公用四分真玉一分假玉，侯用三分真玉二分假玉，伯用真、假各一半之玉。可见，在用玉制度中，只有天子全部用真玉，其他各等级用真玉的比例越大，等级也越高。这种分级用玉制度是以人们能够精确鉴别真、假玉为前提的，应该有一个逐步形成的过程。有的学者认为，这种按真、假玉比例大小分级用玉的制度，可以上溯到新石器时代晚期的良渚文化时期，而且在周代以后仍具有深远的影响。

一 中国玉器文化的萌芽时期

（公元前 6000 年至前 4000 年）

我国原始社会用于制作石器的原料，除了常见的石英、燧石等石料外，也有水晶、玛瑙等美石。这些美石制品也属广义的玉器，有的学者认为，这就是我国玉器的最初萌芽。当时，这些水晶、玛瑙制品和其他石器共存，其制作方法和社会功能也和其他石器相同。原始社会的人们制作石器，一般是就地取材。他们在生产实践中偶然找到这些美石，便用以制作工具或装饰品，在他们的思想意识上，并不存在什么"玉"的概念，可以说是处在玉石不分的阶段。原始社会人们玉石不分的时间可能达数十万年之久。人类漫长的旧石器时代，由于长年累月和玉石接触，利用它们制作各种生产工具或武器，因而在生产实践中逐渐认识了玉和石的区别，认识了真玉（闪玉）。从已有的考古资料可以看出，至迟从新石器时代早期开始，人们就使用真玉制作生产工具和装饰品，中国玉器文化从此正式进入萌芽时期。这个时期的玉器，种类比较简单，主要是玉质装饰品和玉质工具。

5

玉质装饰品

　　古人在漫长的生产实践中，逐渐认识了玉的外观美，主要是温润而有光泽的质感。这是人们对玉最初的认识，局限于直观的感觉。由于人们认识了玉质的优美，所以最早出现的玉器是装饰品。人们用磨制石器的方法，将玉料琢磨成各式各样的装饰品。在今辽宁西部到内蒙古东部地区，就有距今七八千年的新石器时代早期的玉质装饰品出土。内蒙古敖汉旗兴隆洼文化的墓葬中，在墓主人的左、右耳部各发现1件玉玦。玉玦制作精美，环形而有一缺口，是死者生前佩戴在双耳上的玉饰。这是我国已发现的最早的玉器。和兴隆洼遗址相距不远的辽宁阜新查海遗址，是距今7000多年的原始聚落遗存，经过几次考古发掘，在遗址和墓葬中出土许多玉器，其中装饰品有玉玦、玉珠和匕形玉饰等。玉玦呈淡绿色，多数作圆环形并有一缺口，器形与兴隆洼玉玦类似；个别玉玦略作圆柱形，一侧有窄长缺口，器形比较特殊。这些玉玦也都是耳部的玉饰。匕形玉饰为长条形，在一座小孩的墓葬中，出土大、中、小3对共6件，位于死者的颈部和腹部之间，应是死者佩挂在胸前的装饰品。查海聚落遗址出土的4件玉玦、1件玉珠、2件玉匕形饰、1件玉凿，经地质学家研究鉴定，这8件玉器中，玉凿是阳起石软玉，其余7件都是透闪石软玉。这些玉器是我国已经过科学鉴定的最早的真玉，也是全世界已知的最早的真玉器。查海所出的真玉装饰品，雕琢精致，磨制光滑，制作技巧相当成熟，已经不是最原始的玉器了。所以辽河上游应该还会有更早的玉器发现，辽西地区可能是我国玉器文化的发祥地。

这一时期，在辽河下游的沈阳地区也有玉质装饰品发现。沈阳市区北部的新乐遗址下层文化就有玉珠出土，距今也是 7000 多年。

长江下游的江浙地区，在距今 7000 年至 6000 年前，也盛行以玉石作为装饰品的习俗。分布于浙江杭州湾南岸宁绍平原的河姆渡文化，人们佩戴的玉装饰品种类较多，主要有玉珠、玉管、玉玦（耳饰）和璜形玉佩，但制作一般较为粗糙。玉珠的形状不一，有扁圆形的，也有形状不规则的，中心都有钻孔。玉管形如腰鼓，制作不很规整，钻孔也多偏斜。玉玦的断面为椭圆形，缺口有的尚未完全分离，可能是半成品。玉璜是同类器物中目前所见时代最早的，但多数已残缺，有的一端有穿系的小孔，应是用于佩挂的玉饰。《说文解字》解释"璜"为半璧，已是稍晚的形制，大约在商周以后发展成为用于祭祀的六种礼玉之一。分布在江浙太湖周围和钱塘江以北地区的马家浜文化，人们所用的玉质装饰品除玉玦、玉璜、玉管外，还有玉环、玉镯。玉玦也是耳部的饰品，璜有弧形的和桥形的两种，玉璜和玉管都是身上佩挂的玉饰，玉环和玉镯则是戴在手臂上的装饰品。可知在距今 6000 年前，古人的装饰是双耳戴玦形玉饰，颈下或胸前佩挂玉珠、玉管、璜形玉佩，手臂还戴有玉环或玉镯。玉器已成为当时人们很喜爱的装饰品，充分表现了古人爱玉的思想意识。

　　玉是美的代表、美的化身，这是原始社会人们赋予玉的最初的社会功能。已发现的长江下游距今6000年以前的河姆渡文化和马家浜文化的玉器，经过地质学家的分析研究，还不是真玉（闪玉），而属于美石或彩石类，也就是属于广义的玉。从已知的资料看，江浙一带到距今5000多年的崧泽文化时期，才有真玉器发现，可见长江下游地区使用真玉的时间晚于辽西地区。

玉质工具

　　在新石器时代早期，人们除了用玉或美石琢制各种装饰品外，也用玉或美石磨制生产工具。前述的辽宁阜新查海遗址出土的玉器主要是装饰品，作为工具用的只有少量的玉斧、玉锛和玉凿。而在辽河平原的沈阳新乐遗址下层，出土的玉器主要是工具，有斧、双刃斧、圆凿、双刃凿等，装饰品只有玉珠一种。在距今六七千年的辽宁大连小珠山遗址下层，也有玉斧发现。斧为岫岩玉制成，刃部有明显的使用痕迹。可见辽西地区与辽河平原、辽东地区所出玉器的器类有明显的不同，前者以玉装饰品为主，后者以玉质工具为主。除玉器外，这两个地区的陶器和石器也各具特色，在文化面貌上有明显的差别，可能属于新石器时代早期的两个不同的文化系统。

　　在我国西部地区，距今6500年至6000年的陕西南郑龙岗寺新石器时代遗址也有玉制生产工具发现。

该遗址是一处总面积为 1200 平方米的新石器时代仰韶文化半坡类型时期的氏族公共墓地。从 18 座墓葬中发掘出土的玉器共 24 件，全部是生产工具和武器，计有玉斧 4 件、玉铲 5 件、玉锛 13 件、玉镞 2 件。这些玉呈暗绿色或乳白色，经鉴定全部是真玉（软玉）。这些玉器琢磨精致，形状和大小都与仰韶文化半坡类型的石质生产工具相同，但无使用痕迹，可能是先民精心制成这些玉器后，看到它们质地温润，色泽优美，和一般石质生产工具迥然不同，因而不忍心作为一般生产工具使用，而把它们看成宝物或观赏物品珍藏起来，死后作为随葬品埋入墓中。

人类进入氏族社会后期，随着农业和畜牧业的兴起和发展，社会生产力和物质文化水平有了明显的提高，先民在生活中自然而然地产生了对美的追求。在漫长的石器制作的生产实践中，人们发现了玉料（包括各种美石），逐渐学会了识别玉和石的区别，并把玉作为"美"的象征。古人将玉制成各式各样的装饰品，包括佩戴在双耳上的玉玦，佩挂在颈部、胸前的玉珠、玉管和璜形玉佩，以及戴在双臂或双手上的玉环、玉镯。即使用玉料作成生产工具的形状，也往往不是用于实际的生产实践，而是作为宝器或观赏物品珍藏起来，死后则用于随葬。这是新石器时代后期出现的工具型玉礼器的雏形。

对玉的美化、以玉作为美的象征，是先民赋予玉的最初的社会功能，也是玉器文化萌芽时期的主要特征。它为下一阶段对玉的神秘化、神圣化准备了必要的条件。

二 中国玉器文化的发展时期

（公元前 4000 年至前 2000 年）

新石器时代晚期，由于生产力水平继续提高，玉器手工业也发展很快，出现了我国玉器发展史上的第一个高峰。这时期玉器文化的发展，表现在以下几个方面。

首先，出土玉器的地区比以前明显扩大，几乎遍布于全国各地。辽河流域和江浙一带仍然是玉器制造业十分发达的地区，黄河下游的山东地区，黄河中游的中原地区，黄河上游的甘青地区，长江中游地区，东南的闽台、两广地区，以及西南的西藏地区，此时都有或多或少的玉器出土。

其次，玉器的品种比前一时期大大增多，玉器的社会功能也较前多样化。除了装饰品和工具外，有许多动物造型的玉雕，有象征身份、权力的玉武器，还有用于各种礼仪的玉礼器。

第三，玉器的雕琢技术比前一时期有显著的提高。切割、抛光和钻孔等传统工艺进一步提高，普遍使用质地坚硬的矿石细砂以磋磨玉料，使之成形。玉器一般形制规整、琢磨光洁，有的玉器还使用了浮雕、镂空透雕和阴线雕刻等雕琢技法，雕琢出繁缛精细的花纹。此时治玉工艺已发展成为独立的手工业部门。

这一时期的玉器文化之所以不同于萌芽时期，主要是由于当时人们对玉的认识又有一次升华，从玉是美的象征进一步发展为玉是神灵的代表或化身，从此玉便和古代祭祀、殓葬、身份等级以及原始宗教信仰等结下了不解之缘。玉器文化因此而成为中国古代文明的重要组成部分，也成为中华文明区别于其他古代文明的重要特征之一。这时期的玉器文化主要表现在下列几个方面。

 神秘的动物形玉雕

这时期的动物形玉雕可分为两大类，一类是现实动物，主要有鸟、兽、鱼、龟、鳖、蛙、蝉等；另一类是神话动物，主要有龙、凤和猪龙等。动物形玉雕的主要出产地，一是辽宁西部、内蒙古东部和河北北部地区，属于距今 6000 年至 5000 年的红山文化，二是江苏、浙江地区，属于距今 5000 年至 4000 年的良渚文化，三是湖北地区，属于距今 4000 多年的石家河文化。此外其他地区也有零星的发现。

红山文化的动物形玉雕，多数出土于砌石墓中，少数发现于石砌建筑基址内。主要器类有玉鸟、玉鹗、玉龟、双龙首玉璜、兽形玉玦和大型玉龙，以及绿松石鸟形饰和绿松石鱼形坠饰等。此外还有一种勾云形玉佩，主体为长方形或方圆形，四角作卷钩状，可能是变形的动物纹。这些动物形玉雕主要是先民佩挂的玉饰，除增加美观外，一般都具有某种含义或象征；尤其是属于神化动物的玉龙和猪龙玉玦，更是原始意识形态的产物，同中华民族的古代文明有着十分密切的关系。

红山文化的玉龙，制作于距今 5000 年以前，年代是我国已发现最早的。内蒙古翁牛特旗三星他拉村出土的玉龙，龙体卷曲，形如"C"字，龙吻前伸，双眼细长而突起，颈部长鬣上卷，龙尾向内弯曲，背部有一小孔，可供穿挂用（见图1）。玉龙造型简朴，反映出较为原始的文化性质和较早的时代气息。形制相似的玉龙在其他遗址也有发现，传世品中也有与之类似的器物，可见玉龙的雕琢在当时已基本定型。龙是中华民族的象征。先秦文献有"飞龙在天"、"云从龙"、"龙，水物也"等记载，认为龙是遨游于天空中的神灵动物，它和"云"、"水"密不可分。玉龙的出现和农业的兴起应有密切的关系。红山文化遗址出土的大型石器中，如斧、有肩锄和犁耜等数量相当多，特别是犁耜这种新型起土工具的大量使用，说明红山文化的原始农业已相当发达。由于原始农业高度依赖气候、雨水等自然条件，因而与云、水有密切联系的龙，就成为先民

**图1　三星他拉村
出土的玉龙**

崇拜的对象。雕琢精美的玉龙应是从事农业活动的红山文化居民的崇拜物，它可能和当时的祈雨等与农事有关的祭祀活动有密切的关系。由此可见，龙在我国历史文化中源远流长。它在原始社会时期就已出现，在以后的奴隶社会和封建社会中继续得到发展，并成为中华民族文化的象征。

属于红山文化的辽宁喀左县东山嘴遗址，曾发现一件双龙首璜形玉饰。该遗址为石砌建筑群址，多处基址有成组的立石和大小不同的陶塑人像，显然是当时人们从事祭祀等集体活动的场所。双龙首璜形玉饰出在该遗址的中心基址内，两端龙首的形象和三星他拉村出土的玉龙龙首在风格上类似。这进一步说明早在5000多年前，在西辽河流域的红山文化中已出现了龙的形象。古人将天上的彩虹动物化了，认为虹有像龙的两首，能饮水为害，并传说虹可"化为玉璜"。这种传说起源很早，可能在原始社会时期先民就有虹饮于河、造成灾害的迷信思想。先民害怕出现旱灾，以双龙首玉璜象征虹霓，对它顶礼膜拜，以祈求避免灾害。双龙首璜形玉饰出土于祭祀遗址的中心基址内，说明它确实与祭祀仪式有关。

在红山文化分布区域内，还广泛发现一种造型特殊的玉器，即兽形玦，或称"猪龙"。各地出土的兽形玦，虽然玉质、色泽、大小略有不同，但整体造型和艺术风格都十分接近，已经基本定型。兽形玦的基本形状和玉龙相同，也作蜷曲状，首尾之间有缺口。兽肥首大耳，两眼圆睁，吻部前突，有的还露出獠牙，

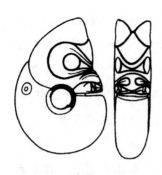

图2 辽宁建平出土的兽形玦

状似猪头，所以又称"猪龙"（见图2）。猪是原始农业氏族豢养的主要家畜，红山文化原始农业已相当发达，遗址中也曾发现大量猪骨。兽形玦（猪龙）应是先民在日常生产实践中，通过高度概括而创造出来的艺术形象。以猪为艺术原型的兽形玦，虽然都有用于穿系佩挂的小孔，但已不是单纯的装饰品，而是和红山文化先民的图腾崇拜和原始宗教信仰有关系。从造型风格上考察，前述的玉龙和兽形玦似有渊源关系，玉龙应是从兽形玦发展演变而来的。关于神话动物中的龙究竟是从哪一种动物演变、神化而来的，学者意见不一。有人认为是从蛇、蜥蜴或鳄鱼等爬行动物演变来的，有人认为是多种动物局部形象的集合体。看来，龙的动物原型应该是多元的。红山文化的龙应是由猪首和蛇身融合而成，反映龙的起源与原始农业的发展密切相关。玉龙和兽形玉玦的出现，与先民们的生产实践和日常生活有着密切的关系。它们既是原始宗教信仰的产物，又是原始文化艺术的杰作。

良渚文化的动物形玉雕种类较少，主要有玉鸟、玉龟（鳖）、玉鱼、玉蛙、玉蝉等，多数出土于浙江余杭的反山和瑶山遗址。这些动物形玉雕虽然都是现实动物的形象，但一般也具有某种象征意义。江苏吴县张陵山出土的一件动物形玉雕为蛙和蝉的合体，以阴线刻出动物形象，正看为屈肢蛙形，倒看为蝉形，造型奇特，构思巧妙。

石家河文化的动物形玉雕有玉龙、玉凤、玉鹰、玉蝉以及牛头、虎头和鹿面像等。玉龙有两种，一种为首尾相接呈环形，有的在首尾之间有缺口；另一种为片状透雕，龙体蟠曲，附有复杂的装饰。玉凤的造型最为优美。湖北天门罗家柏岭所出的一件，凤圆眼长喙，尾部华美修长，首尾蟠曲，接成环状。这件玉凤和殷墟妇好墓所出的玉凤，在造型风格和雕琢技法上都十分相似，二者应有渊源关系。湖南澧县孙家岗出土的玉凤系透雕而成，长喙曲颈，展翅卷尾，作振翅欲飞状。玉鹰也有立鹰和飞鹰之分。石家河文化诸遗址所出的玉器中，除了动物形玉雕外，还有许多不同形象的玉雕人面像。这些玉雕人面像应是当时人们崇拜的神像。玉龙和玉凤都是幻想的神话动物，也是原始宗教信仰的产物。至于其他动物形玉雕，有的学者认为也和巫术有关，可能是巫觋作法时编缀在衣冠上的饰物。这些玉雕被看成巫觋与神灵相通的媒介，也是玉被先民神化的一种表现。

此外，安徽含山凌家滩距今约 5000 年的新石器时代墓葬中出土的一件玉龟和一块刻纹玉片，具有特殊的意义。玉龟由背甲和腹甲组成，二者有对钻的圆孔，用于穿绳固定。刻纹玉片出土时放在背甲和腹甲之间，为长方形，正面刻两个大小相套的圆圈，在内圆里刻方心八角形图案，内外圆圈之间以直线平分为八等份，每等份中各刻一圭形箭头，在外圆圈和玉片的四角之间也各刻一圭形箭头。经学者研究，玉片的八方图形与中心象征太阳的图形相配，符合我国古代的原始八卦理论。八卦源于河图、洛书。玉龟和夹在龟中的刻纹玉片的发现，说明早在 5000 年前，我们的祖先就有了河图、洛书和八卦的概念。

沟通神灵、祖先的玉礼器

玉礼器的出现是这一时期玉器文化的主要特征。长江下游的太湖地区是玉礼器的主要发祥地。属于良渚文化的浙江余杭反山、瑶山、汇观山遗址，江苏吴县草鞋山、张陵山遗址，武进寺墩遗址，昆山少卿山遗址，上海青浦福泉山遗址等，都发现了许多精美的玉器，其中玉礼器占有十分重要的地位。玉礼器的制作，使用了浮雕、透雕和阴线雕刻等技法，构成地纹、主题纹、辅助纹三层纹饰的合理布局，在造型和装饰技艺方面都有明显的创新，代表了中国原始社会时期琢玉工艺的最高水平。

良渚文化玉礼器的主要器类有：玉琮、玉钺、玉冠状饰、玉三叉形器和玉璧等。

玉琮可能是从圆筒形玉手镯或方形小玉管两种装饰品发展演变而来的。规范化的玉琮作内圆外方的柱状体。良渚玉琮一般都有或繁或简的兽面纹。余杭反山 12 号墓出土的玉琮，在四面正中直槽内雕琢着最为完整的神人兽面纹图案（见图 3）。图案采用减地浮雕

图3　玉琮上的神人兽面图案

和阴线细刻的技法雕琢而成，神人作蹲踞状，上肢为人手，下肢作鸟兽爪。神人头戴羽冠，脸部作倒梯形，圆眼宽鼻，大口露齿。胸腹部为兽面纹，大眼圆睁，宽鼻阔嘴，獠牙外露，形象威武。这种神人和兽面复合的图像，应是当时人们崇拜的神像或神徽。在这一玉琮的四角，以转角为中轴线，向两侧展开，雕琢简化的神人兽面纹。神人的羽冠演变为两组细弦纹，面部只刻出两眼和嘴；兽面纹也只存大眼和阔嘴，而两侧各加刻一变形鸟纹，可称为"神鸟"。神人省略了四肢，脸部也略有简化。这种雕琢在琮的四角的简化"神徽"，是良渚文化玉琮纹饰的主要特征。

良渚玉琮雕琢或繁或简的神人兽面纹，主要不是为了装饰，而是有其深刻意义的。玉琮究竟是做什么用的？它的功能是什么？学者们有许多不同的说法，有的认为琮是贯通天地的法器；有的认为琮是用于祭祀的礼器；有的认为琮是具有权力的象征；有的认为琮是神祀或祖先的象征。总之，雕琢神人兽面纹的玉琮和原始宗教信仰有着密切的关系。《说文解字》解释“灵”字时说：“灵，巫也。”所谓巫，就是能“以玉事神”。玉琮可能是巫师祭祀时用于沟通神灵和祖先的法器。良渚文化时期，氏族社会已逐渐解体，贫富分化，产生了集宗教和政治权力于一身的特权阶层。玉琮就是特权阶层具有宗教和政治双重权力的象征物，在中国古代文明史上占有特殊的地位。

图4　玉钺整体复原图

良渚文化的玉钺，不同于一般的武器，除雕琢规整的玉钺本身外，柄部的上端和下端还镶嵌着带装饰性的玉具，上端玉具可称为龠或钺冠饰，下端玉具可称为镦或钺端饰（见图4）。这种柄部上下端都安有玉饰的钺可称为“玉具钺”，它和战国以后流行的具有四种玉饰的“玉具剑”有类似之处，二者在"以玉为饰"这一点上可能有渊源关系。余杭反山12号墓出土的玉具钺，由青玉琢成，玉质优良，抛光精致，刃部上角有一浅浮雕加阴线琢成的神人兽面纹"神徽"，下角有一浅浮雕的"神鸟"，象征神人翱翔于太空之中，两面纹饰相同。"神徽"和"神鸟"的形象同上述玉琮上所刻的完全一样。

玉具钺除出于余杭反山墓地外，余杭瑶山、青浦福泉山、武进寺墩、吴县张陵山等墓地也有出土。玉具钺的柄部一般长60～80厘米，有的柄部有涂朱痕迹并嵌许多小玉粒，或垂挂成对的小玉琮。从玉钺出土的情况可以看出，墓主一般用左手托持钺镡，使玉钺向上大体与肩部持平。这种装饰华丽的玉具钺，应是一种象征权力、地位的"权杖"。玉钺上雕琢神人兽面纹，显示了军权和神权的结合。出土玉具钺的墓葬，同时也出土玉琮等玉礼器。手持玉具钺的墓主人，生前可能是身兼酋长和巫师双重身份的特权人物。

玉冠状饰是良渚文化特有的一种玉器。它的形状略呈倒梯形，上宽下窄，顶部当中有尖状突起，下部有短而宽的插榫，榫上钻有若干小孔，可用于插销固定。冠状饰的外形和神人兽面纹中神人头上的羽冠十分相似，而且有些冠状饰还雕琢着繁简不同的神人兽面纹。余杭瑶山2号墓所出土的玉冠状饰，正面有精细的线刻纹饰，上部当中为基本上完整的神人兽面纹"神徽"，和反山墓地所出玉琮、玉钺上的同类纹饰基本相同，只是神人的下肢被省略，兽面纹下有一椭圆形穿孔。神人的两侧各刻一鸟纹图案，下部饰一道卷

19

云纹带（见图5）。余杭反山17号墓出土的冠状饰，正面雕琢简化的"神徽"，神人的脸部及上肢被省去，只存浅浮雕和阴线刻成的兽面和神人的鸟爪状下肢。15号墓所出的玉冠状饰，采用透雕和阴线细刻相结合的技法，雕琢出神人的形象，冠状饰上端正中突起部位构成神人的羽冠，神人的身躯、四肢俱全。16号墓出土的玉冠状饰，雕刻技法和艺术风格与15号墓所出者基本相同，而纹饰构图却有所创新：冠状饰的当中部位是圆眼、大嘴、獠牙外露的兽面纹；两侧各刻一侧身、侧面的神人形象，神人大眼阔嘴，头戴羽冠。上述后两件冠状饰都是两面雕琢纹饰，构图巧妙，玲珑剔透，是良渚文化玉器中的珍品。

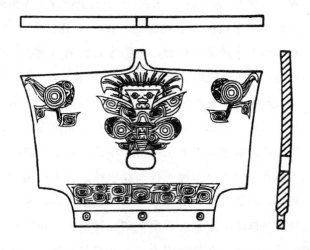

图5　瑶山出土的玉冠状饰

玉冠状饰多出在墓主头部的一侧，一般一个墓只出1件，应为头梳上部的玉饰，即玉梳背。在冠状饰的下方往往发现成片的朱砂，有的冠状饰下部的插榫还残存朽木的遗痕。这说明有的玉冠状饰是某种木质神像冠冕上的镶嵌物，其形状和神人头上的羽冠颇为相似。有些玉冠状饰出土时，其周围还发现许多小玉粒；有的还发现由小玉珠组成的小型串饰。据此推测，头戴玉冠状饰的神像，身上可能还镶嵌小玉粒，有的还佩挂小型的玉串饰。

除玉冠状饰外，还有一种玉三叉形器，可能也和良渚居民崇拜的神像有关。这种玉器上部有三个并列的枝杈，下部为圆弧形；有素面的，也有雕琢精美纹饰的；所雕纹饰的主题也属神人兽面纹。玉三叉形器当中的枝杈都有贯通上下的小孔，而且往往和玉管相接，推测可能是用于穿插某种装饰的。三叉形器多出在死者头部附近，应该也是某种冠饰。

此外，良渚文化墓葬中，还出土许多玉璧，一座墓中所出的玉璧最多达50多件。所谓"璧"，是圆形圆孔的平片状玉器，可能是从装饰品中的玉环或玉玦发展而来的。良渚文化的玉璧，体积较大，但一般都没有纹饰，琢磨也不如玉琮精细。可见当时的玉璧未必与神灵崇拜有关，但可能具有象征财富的意义，或与丧葬祭祀有关系。玉璧在商周及其以后发展为重要的礼仪用玉。

《越绝书》说："夫玉亦神物也。"认为"玉"是"神物"的思想，看来至迟在原始社会晚期就已形成。《说文解字》认为，所谓"灵"就是能够以玉事神的巫。可见"玉"和神灵的关系十分密切。余杭瑶山发现的良渚文化时期的祭坛遗址，在祭坛范围内营建了排列成行的墓葬，这些墓的随葬品以玉器为主，有玉琮、玉钺、玉冠状饰、玉三叉形器、玉锥形饰等。这些墓的主人生前应是以玉事神的巫觋。良渚文化时期，巫师以刻有神人兽面纹的玉琮奉祀神灵，特权阶层以"玉具钺"作为拥有军权和神权结合的象征，先民崇拜的神像嵌饰玉冠状饰、玉三叉形器和小玉粒，并佩挂小型的玉串饰，神灵、巫觋和玉器紧密地结合在一起。玉的神圣化和神灵化成为中国玉器文化发展时期的主要特征。

"玉殓葬"所反映的原始宗教和社会特征

长江下游江浙地区良渚文化时期的墓葬，随葬玉璧、玉琮等玉器的现象相当普遍。例如，江苏的吴县、武进、海安、江宁、常熟、昆山，上海的青浦，浙江的余杭、吴兴等县市，都曾出土良渚文化的玉璧和玉琮。其中主要的出土地点有吴县的张陵山遗址、草鞋山遗址，武进的寺墩遗址，青浦的福泉山遗址，以及余杭的反山遗址。

张陵山早期良渚文化墓地中的 4 号墓，虽然部分已被破坏，仍然出土陶器、石器、玉器等 50 余件随葬品。其中，玉器 20 余件，有璧、琮、斧、镯、锥、坠饰和佩饰等；玉璧 4 件，璧的内孔都较大，如按《尔雅》关于璧、瑗、环的记载，可称为瑗或环；玉琮 3

件，有 1 件琢磨精致，四面有长方形凸起，上面琢刻阴线兽面纹，兽面粗眉，圆眼，大嘴，上下各有一对獠牙，这种兽面纹和以后商周青铜器上的饕餮纹可能有一定的渊源关系。这座墓的年代为距今 5000 年左右，墓中所出的玉琮、玉璧属于我国已发现的最早的玉礼器。

草鞋山良渚文化墓地中的 198 号墓，墓主为男性，还附葬两个女性。附葬的女性也有玉器等随葬品，应是墓主的妻妾。墓中出土璧、琮、斧、镯、管、珠、锥形饰等玉器。玉璧琢磨光洁，但无纹饰，最大者直径 21 厘米。玉琮有大小之分，表面刻饰简化的兽面纹。墓中的随葬品除雕琢规范的玉器外，陶器的制作和纹饰也很精致，说明当时已有一批具备专门技术的玉工和陶工。墓中附葬两个女性，应是一夫多妻制的反映，墓主生前应是具有特殊地位的氏族显贵。墓葬的年代为距今 4000 多年。

福泉山良渚文化墓地第 4 号探方内的第 6 号墓，虽然部分已被西汉墓打破，但所出的玉器仍然不少，有玉璧、玉琮、玉斧、玉镯、玉锥形器以及大量的玉珠、玉管、玉坠等装饰品。玉琮有短筒形和长筒形两种，其中一件短筒形玉琮，应用浮雕、线刻等技法雕琢出繁简不同的兽面纹，上下两侧各有一鸟纹图案，细部刻纹纤细如毫发，是良渚文化玉琮中少见的珍品。除玉琮外，玉锥形饰、玉珠、玉管、玉坠和一件象牙器上也有繁简不一的兽面纹。发掘者认为，随葬品刻饰兽面纹可能具有辟邪的意义。这座墓的年代大约属于良渚文化的早中期。

寺墩良渚文化墓地中的 3 号墓，墓主为 20 多岁的男性青年，部分尸骨和随葬品有经过火烧的痕迹，说明埋葬时举行过某种用火的殓葬仪式。随葬品共 120 余件，玉器有装饰品、生产工具和礼器。以璧、琮为代表的玉礼器共 57 件，最为引人注目。玉璧 24 件，有的放在墓主的头前和脚后，有的压在头、脚的下面。最精美的两件放在胸、腹的上面，放在腹部的一件最大，直径 26.2 厘米。玉琮共 33 件，大部分围绕在人骨架的四周（见图 6）。镯形玉琮饰兽面纹。方柱体玉琮分节，高矮不一，最多的分 15 节，最高的高度为 36.1 厘米，分为 13 节。方柱体玉琮的表面皆饰象征性的兽面纹。这座墓的年代和草鞋山墓地差不多，距今也是 4000 多年。

此外，反山良渚文化墓地所出土的玉璧和玉琮，没有一定的组合关系，有的墓有璧而无琮，有的墓有琮而无璧，但也有一些璧、琮共出的墓葬。玉璧不仅形体较大，而且数量很多，例如 23 号墓就出土 54 件大型玉璧。在一座墓中出土这么多玉璧，应和墓主生前占有大量的财富有关系。

上述良渚文化的墓葬，随葬大量的玉器，这类墓葬被称为"玉殓葬"。玉璧和玉琮是"玉殓葬"中最具特征的玉器。根据《周礼》记载，璧和琮是用于"礼天"和"礼地"的玉礼器。有的学者认为，古人有"天圆地方"的宇宙观，而"礼神者必像其类"，所以用圆璧祭天，方琮祭地，这种观念可能起源于原

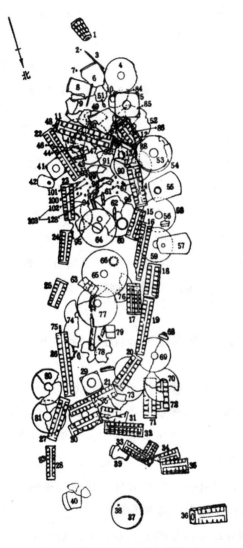

图 6　寺墩遗址 3 号墓出土情况

（1、5、11 ～ 36、41、43、71、72 为玉
琮；4、48 ～ 50、52 ～ 54、58、59、64、65、
69、73、74、76 ～ 78、80 ～ 82、84、85、87、
88、90、91、95、96 为玉璧）

始社会后期。《周礼》还有"疏璧琮以敛尸"的记载。郑玄解释说:"疏璧琮者,通于天地。"良渚文化的墓葬以璧、琮随葬,说明当时已经有了以璧、琮沟通天地的思想。寺墩 3 号墓墓主尸骨上下放置玉璧,尸骨的周围环绕着玉琮,是最典型的"玉敛葬"。玉璧也可能象征死者的财富;玉琮琢饰的兽面纹是一种象征,可能起着保护死者的巫术作用。以璧、琮敛尸的习俗,反映了先民的原始宗教信仰和崇玉思想。玉敛葬的死者生前应占有较多的财富,同时可能还具有祭祀天地的特权,应是氏族中有特殊身份和地位的显贵。这些都说明当时的社会已经产生了贫富分化和等级差别,氏族社会开始走向瓦解的道路。

玉器上刻画的符号与古史传说

新石器时代晚期的玉礼器,不仅雕琢与原始宗教信仰有关的神人兽面纹等纹饰,而且有的还刻画着神秘的符号。这些神秘符号是古人思想活动的反映,都具有一定的含义。结合文献记载,探讨这些符号的内在意义,将有助于揭开古代文化的神秘面纱,并进而了解传说中的中国远古历史。

刻有神秘符号的玉礼器,主要是玉璧和玉琮;个别与玉琮有渊源关系的筒形玉镯也刻有这种符号。这些璧、琮、镯绝大多数是博物院、馆收藏的传世品,只有个别是考古发掘出土的玉器。

1989 年浙江省余杭县安溪乡出土的一件玉璧,是已知国内唯一刻有符号的良渚文化玉璧。璧的两面在圆孔的下方各有一阴刻的符号，其中一面的符号作长方形，状似玉圭或玉璋，可能是象征巫觋祭祀时手中所执的玉器；另一面的符号轮廓略呈长方形，上端作平折的台阶状，两侧略向内凹；轮廓内的图像，当中为一椭圆形的太阳，上方有"介"字形的鸟头，下方有分叉的尾巴，两侧有分叉的双翼。经学者研究，这个符号的轮廓代表着筑有台阶的祭坛。在考古工作中，余杭瑶山发现的良渚文化祭坛遗址，是由红土台、灰土围沟和砾石面组成的近似方形的三重遗迹，和符号的轮廓有相似之处。轮廓内的图像可能是象征一只背载太阳的神鸟，即所谓"阳鸟"（《尚书·禹贡》）或"负日神鸟"。神鸟背载太阳的传说，在中国古代流传的时间很长。成书于战国时期的《山海经》中就有关于神鸟载日的记载，在汉代的帛画、画像砖中也有代表太阳的金乌和负日神鸟的图像。这件刻有祭坛与负日神鸟符号的玉璧，应是良渚人在祭坛上祭天或祭祀太阳神的玉礼器。

　　在传世的玉礼器中，也发现有刻饰与安溪玉璧类似符号的玉礼器。北京首都博物馆收藏的一件玉琮，在琮的上部靠近射口处用阴线琢刻一符号。符号的最上方是一只侧视的小鸟，小鸟站立在上宽下窄的细长柱子上，柱下连接4个圆珠形物；符号的下部和安溪玉璧上所刻的祭坛与负日神鸟的图像基本相同，只是神鸟的尾巴分叉不明显。这件玉琮从造型和纹饰考察，显然属于良渚文化的玉器，符号中立在高柱上的小鸟，应是良渚人崇拜的神鸟。

琢刻类似符号的新石器时代的玉礼器，还可以举出一些。例如：台北故宫博物院收藏的一件玉璧，璧上所刻的符号和北京首都博物馆玉琮的符号基本相同，小鸟、立柱及连珠纹、祭坛与负日神鸟俱全；祭坛内负日神鸟的尾巴分叉则和安溪玉璧相同，只是符号太靠近璧的边缘，小鸟的形象只刻出鸟的下喙、前胸和足部。台北故宫博物院还有一件玉琮，也刻有上大下小的立柱和连珠纹，但未见小鸟及祭坛的图像，这应是前述符号的简化形式或未完成的作品。美国华盛顿佛利尔博物馆收藏的几件玉璧，也刻有类似的符号。其中一件所刻的符号和首都博物馆玉琮符号几乎完全相同，只是在祭坛的下部加刻卷云纹等点缀性纹饰；另一件的符号也基本相同，只是祭坛中的"负日神鸟"简化为象征太阳的椭圆形图像；还有一件的符号略有不同，小鸟直接站立在祭坛的顶部当中，祭坛中有圆形的太阳，太阳的下面有展开双翅、状似新月的神鸟；另外一件所刻符号更加简化，只在璧的边缘刻出祭坛的下部及简化的太阳图像，小鸟、高柱及祭坛的台阶形顶部都未刻画。法国巴黎吉美博物馆收藏的一件玉琮，在靠近上射口部位也刻有这类符号，祭坛与负日神鸟的图像和安溪玉璧基本相同，但祭坛上方只有连珠纹和新月形图像，连珠上有状似光芒的短线，但没有小鸟和立柱。

上述琢刻符号的馆藏玉璧和玉琮，虽然出土地点不明，但从器物的造型和纹饰考察，应该都属良渚文

化。所刻符号虽有繁简的差别，但祭坛与负日神鸟的
母题是一样的。高立在祭坛顶上的小鸟，应是良渚居
民崇拜的神鸟。江南地区对鸟的崇拜起源很早，在距
今 7000 年至 5000 年的河姆渡文化时就出现鸟的造型。
江苏昆山赵陵山所出土的良渚文化透雕玉饰，上部为
侧身而立的小鸟，下为头戴羽冠、侧身蹲踞的神人像。
在以后的东周吴越墓葬中，也发现鸟立于高柱上的造
型。《山海经》记载，在太湖地区绍兴附近，古有"始
鸠之国"。张华《博物志》也说，越人认为鸠鸟是象征
祖先的神鸟。玉器符号中高立在祭坛上的小鸟或即鸠
鸟的造型。古史传说中居住在东方的东夷族，以鸟为
图腾；居住在东南的越人，可能也有鸟图腾的崇拜。
上述玉器符号中祭坛上的小鸟，可能就是良渚人崇拜
的鸟图腾形象。相传东夷族的首领少昊，曾以鸟名为
官名，其中以鸠名官者就有"祝鸠"、"鸤鸠"、"鸧
鸠"、"爽鸠"和"鹘鸠"，即所谓"五鸠"。符号中的
小鸟，形象也略有差别，或即当时以不同种属的鸠鸟
代表不同官职的一种反映。

　　美国佛利尔博物馆收藏的一件筒形玉镯，两面都
刻有神秘的符号。其中一面所刻的符号分上、下两部
分，上部的符号为一中部有近似长方形突起、两侧有
展开的双翼的图像，其形状和反山良渚文化的透雕玉
冠状饰相类似，状似头戴羽冠、张开双臂的神人形
象；下部为上小下大的圆形台座，和上部的冠状饰连
接在一起。另一面的符号较为简单，上面为一象征太
阳的圆圈，下面有状似新月、但上缘当中有尖形突起

的图案，实际上还是展翅飞翔的鸟的形象。中国历史博物馆收藏的一件高 49.2 厘米的玉琮上也刻有这种符号。这种符号在山东大汶口文化的陶器上也曾发现，所以有的学者认为是属于大汶口文化的图像。但经学者深入研究，这种上有太阳、下有飞鸟的符号仍属负日神鸟的图像。这种图像在江南地区早已出现，大汶口文化陶器上的这种符号也可能渊源于江南地区。

神秘的符号主要发现在玉璧和玉琮上，绝不是偶然的现象。在原始社会后期，从玉装饰品演变而来的玉璧和玉琮，成为用于祭祀的礼器，也是巫觋用作沟通神灵、祖先的法器。古人在玉礼器上琢刻崇拜的鸟图腾、从事祭祀活动的祭坛以及负日神鸟的图像符号，目的是为了增强以玉事神的法力。这些图像符号表达了先民的原始宗教信仰，同时也可以和部分古史传说相印证，有助于今人对古代历史的研究。

三 中国玉器文化的繁荣时期

（公元前 2000 年至前 770 年）

 ## 以礼仪用玉为主要特征的
夏代玉器

在公元前 2000 年左右，我国氏族社会进一步解体，贫富分化加剧，生产资料私有制逐渐形成，少数人拥有比别人更多的财富和权力，逐渐形成占统治地位的奴隶主阶级，原始公社制度终于被奴隶制国家所取代，出现了中国历史上第一个朝代——夏朝。

夏朝的第一代首领称"禹"、"大禹"或"帝禹"。《左传》记载，禹会合诸侯于涂山，当时"执玉帛者万国"。"玉帛"就是瑞玉和束帛，是古代诸侯参与会盟朝聘时所持的礼物，同时也是身份和财富的代表。这说明在夏朝初年，玉器已成为为等级制度服务的重要礼器。玉的等级化和礼仪化，成为这个时期玉器文化的主要特点。

根据文献记载，建立夏朝的夏族活动的主要地区在今河南西部和山西南部一带。山西襄汾陶寺遗址的中、晚期墓葬和河南偃师二里头遗出土第一至三期遗

31

存中，都曾出土属于夏文化的玉器。除夏朝直接统治的中原地区外，周围地区的诸侯方国，可能也有自己的玉器制造业，这些方国的玉器也应属于夏代玉器的范畴。例如陕西神木石峁出土的一批玉器，其时代虽因缺乏地层依据难以确定，但其器物造型和艺术风格都与二里头文化的同类玉器相近，所以可能属于夏朝时我国西北地区某方国的制品。

夏族原是居住在我国西部地区的部族，其文化和居住在我国东部的夷族、越族有着不同的传统，在玉器文化方面彼此也有较明显的差异。夏代的玉器品类主要有钺、戈、圭、牙璋、有孔刀以及璧、琮等。

玉钺 陶寺遗址出土的玉钺作长方形或梯形，一端有穿孔，用于垂直装柄，刃部多很钝，没有使用痕迹，看来不是实用器，而属于仪仗之类。二里头遗址出土的玉钺，器形较为多样，一种呈梯形，一端有孔；另一种为长方形，刃部微弧，两侧有对称的锯齿形装饰，一端亦有孔；还有一种形状较特殊，钺身略作圆形，背部圆弧，两侧也有对称的锯齿形装饰，刃部分为四段，中部为一大圆孔（见图7）。后两种钺有的学者称之为"戚"。石峁所出的玉钺，有的近似方形，刃部较钝，一端穿一孔或两孔；有的器形和二里头第二种玉钺基本相同，两侧也有对称的锯齿。

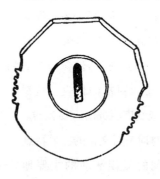

图7 二里头遗址出土的玉戚

玉戈 二里头遗址和神木石峁所出的玉戈，器形大同小异，都作长条形，两侧有刃，前端有尖锋。二里头遗址所出的一件，长30.2厘米，靠近后端有若干浅刻的细线纹，并有安装戈柄的痕迹，是用河南南阳独山玉琢成的（见图8）。

玉圭 都作扁平长条形，属于方首形圭。二里头遗址出土的一件，后端有两个圆孔，两孔之间有不大明显的凹槽，靠近中部有凸弦纹两周。另一件器形相同，两圆孔之间有双凸线两组，两组凸线间饰带状菱形刻纹，后端有绑柄痕迹。这两件方首圭，后端都有双孔，并有凹槽或绑柄的痕迹，所以可能也是玉钺的一种，但约定俗成，一般称之为玉圭。

牙璋 亦称为"刀形端刃器"。全器为扁平长条形，前端较宽，有圆弧形凹刃，

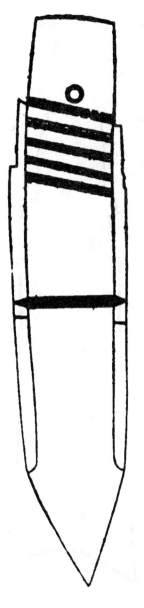

图8 二里头遗址出土的玉戈

33

后端有短柄，柄部有小孔；璋体与柄部之间有突出的齿牙装饰。二里头遗址所出的一件牙璋，长 54 厘米，青灰色，通体磨光，凹弧斜形刃，器身一侧有一小孔，

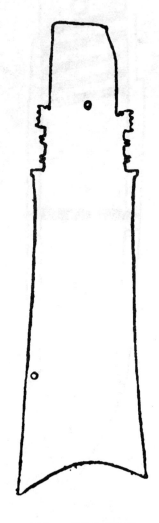

嵌以绿松石片，器身与柄部之间突出美观的齿牙（见图9）。石峁所出的牙璋数量很多，有的已流散国外，器形大同小异。因属于征集品，所以学者对这批牙璋的时代看法不一。牙璋的器形较奇特，从其形制看，不会是实用的工具或武器，而是当时的一种玉礼器。关于它的用途，历来有不同的说法。《周礼·春官·典瑞》载："牙璋以起军旅，以治兵守。"郑玄解释说："牙璋亦王使之瑞节。"有的学者不同意《周礼》的说法，认为牙璋的形状和新石器时代的骨制农具——骨耜十分近似，是古人模仿农具制作的瑞玉，在与农事有关的祭典中使用，以祈求农业的丰收。四川广汉三星堆遗址曾出土双臂平伸擎持一状似

图9　二里头遗址出土
的玉牙璋

"牙璋"物进行祝祷的小铜人，或许是牙璋用于祭祀的真实写照。有的学者推测牙璋是标志身份的礼器；从牙璋的柄部构造和痕迹考察，原来应安有长柄，因而属于仪仗用玉。

多孔玉刀　或称刀形边刃玉器。多作长条形或扁宽梯形，刃长于背，背部平直、稍厚，有不同数量的穿孔。二里头遗址出土的一件玉刀，长65厘米，墨绿色，局部受沁呈黄色，总体作扁宽梯形，刃长于背，刃部由两面磨成，背部有7个圆孔，两侧有对称的齿牙各6个，近两端处琢饰阴刻直线纹和菱形纹。这种大型的多孔石刀，似不宜实用，应为礼仪用玉。神木石峁所出的多孔玉刀，有大小之分。小型的玉刀，刃部多有损伤，可能是用于收割的实用农具；至于大型厚重的玉刀，和上述二里头遗址的大型玉刀一样，应是由收割农具演变而来的瑞玉，属于礼仪用玉，可能是举行庆祝丰收或祈求丰年祭典时使用的礼玉。

玉璧和玉琮的数量不多，远不如良渚文化发达。陶寺遗址有璧、琮出土。玉璧表面抛光，中心的圆孔较大，或称为玉瑗；玉琮多为扁矮的单节琮。有一件玉琮，器表由8道竖槽分隔为宽窄相间的8部分，较窄的4部分略显平直，较宽的4部分作凸弧形，弧形面上各有3道平行的横槽，造型较特殊。还有一件滑石琮，内圆外方，四面中央有竖槽，四角有3道横向刻纹。二里头遗址出土的玉琮，是一件只剩下四分之一左右的残器。玉琮作为新石器时代晚期的主要礼器，曾盛行于良渚文化时期，但到夏代已趋于衰微。

上述玉钺、玉戈、玉圭、牙璋和多孔玉刀等，都属仪仗类的礼仪用玉。它们是从武器或生产工具演变而来的，器形一般较大，多数器物光素无纹饰，只有少数器物有简单的纹饰，主要是阴刻细线纹和齿牙装饰，这些装饰花纹往往位于器物的两端或两侧。这些器形硕大、质朴无华的玉礼器，表现了中原地区华夏族玉雕艺术的文化传统，和中国东部地区夷、越玉雕有明显的差异。这些因素构成了夏代玉器文化的主要特征。

繁荣发达的商殷玉器

大约在公元前 16 世纪中叶，夏朝被商朝所取代。有学者研究认为，商人是属于东方的部族，发迹于我国东北地区，以后南迁经河北、山东进入黄河中游。《诗经·商颂·玄鸟》说："天命玄鸟，降而生商。"相传商人的祖先名契，契的母亲叫简狄，她因吞食玄鸟（燕）的卵而生契。这种祖先为卵生的神话，在东方诸族中流行很广，这和东方氏族以鸟为图腾有密切的关系。上述良渚文化玉璧、玉琮上琢刻的符号中，象征祭坛的顶部高柱上的小鸟，可能不仅是良渚人崇拜的神鸟，也是越族以鸟为图腾的例证。

商朝承袭并发展了夏朝崇玉的思想。在玉雕工艺方面，商代继承了新石器时代晚期以及夏代琢玉技艺的优秀传统，而且有了十分显著的发展。到了商代后期，在玉器的种类、数量以及雕琢工艺诸方面都有新的突破，进入玉器发展史上的第二个高峰期。

商代后期的 273 年，定都在今河南安阳的殷墟，所以又称为殷朝或殷商。殷朝是一个有高度文明的奴隶制国家，有着相当发达的制玉手工业。殷墟小屯村北曾发现磨制玉石器的手工业作坊遗址，出土大量砺石、半成品和一些玉料，还有几件"俏色"的玉龟、玉鳖等动物形玉雕，十分精致逼真。当时精美的玉器都被奴隶主贵族所占有。根据《逸周书》记载，周武王攻灭商朝时，"得旧宝玉万四千，佩玉亿有八万"。可见殷商时期王室占有的玉器，数量是十分惊人的。

祭祀用玉是殷人崇玉的重要表现。殷墟出土的甲骨卜辞中，有不少关于祭祀用玉的记载。商朝人和新石器时代晚期的人们一样，认为玉器是沟通人与神之间的媒介。商朝最后一个王纣王，自己认为"有命在天"，当他被周武王打败后，穿着"宝玉衣"自焚而死（见《史记·殷本纪》）。这大概也是商纣王迷信以美玉"环身以自焚"能帮助他死后灵魂升天的结果。

殷人在祭祀中用玉的事实，在考古工作中也有发现。殷墟小屯丙组基址的台阶下，埋有白璧和苍璧各一件，前者在西，后者在东。璧孔中都有绿松石，白璧涂红色。除玉璧外，还埋有人牲、兽牲等。这两件埋藏在建筑基址台阶下的玉璧，显然是祭祀用玉。安阳侯家庄 1001 号墓北墓道外的灰坑和 1567 号大方坑中，都发现在火烧炭层中夹有碎玉片，学者认为是殷朝用玉燎祭的遗迹。甲骨卜辞中有"燎祭"的记载。《礼记·祭法》载："燔柴于泰坛，祭天也。"孔颖达疏："谓积薪于坛上，而取玉及牲置柴上燔之，使气达于天也。"意思是说，玉经过焚烧，借玉之气以通天，从而达到祭天的目的。

殷人崇玉的另一个重要表现是，奴隶主贵族不仅生前使用玉器，而且死后还以大量的玉器随葬。殷墟玉器主要出在殷代大、中型墓葬中，发掘出土的玉器当在 2000 件以上，至于历年被盗掘而流散的玉器为数可能更多。在殷墟王陵区发掘的大墓，都被盗掘过，出土的玉器只是劫后残余。例如侯家庄 1001 号墓出土残玉戈、玉戚、玉斧、玉刀、玉佩等 30 余件；1217 号墓出土残玉戈、玉石鱼等 20 余件，以及其他一些残玉器。这两座墓原来随葬的玉器当然远远超过这个数目。

殷墟墓葬中出土玉器最多的是 1976 年春发掘的妇好墓，墓中共出土玉器 750 余件。妇好是商朝第 23 代王武丁的配偶，根据甲骨卜辞记载，妇好是武丁几个妻子中的一个。该墓是唯一能确定年代和墓主身份的殷商王室墓葬。墓中所出的玉器种类繁多，造型多样，雕琢精致，显示了殷商时期琢玉技艺的高度发展水平。其中有琮、圭、璧、环、瑗、璜、玦以及簋、盘等礼器；有戈、矛、钺、戚、大刀等仪仗用玉以及斧、锛、凿、铲、小刀等象征性工具；有梳、匕、杵、臼、镞、调色盘等玉用具；还有许多玉制装饰品、艺术品和杂器等。玉艺术品中的人物雕像特别引人注目。一件圆雕的踞坐玉人，盘辫戴冠，着交领窄袖长衣，衣、袖皆有纹饰，腰束宽带，腰部左侧佩一宽柄器，可能是一种礼仪性用器，表示佩者的身份、地位。玉人神态倨傲，衣着华美，很像奴隶主贵族，有可能是墓主妇好的雕像（见图10）。另一件圆雕踞坐玉人，身略前倾，头顶梳一小辫，赤脚，衣、袖也有纹饰，胸部雕兽面纹，或是文身的标志，可能是当时奴隶的形象。这些玉雕人像不仅是研究殷人衣冠发饰的重要材料，而且对研究殷商时期不同阶级的人物形象以及商代的人种也有一定的参考价值。关于妇好墓所出玉器的重要意义，著名考古学家夏鼐有较全面的评价："这是迄今发掘出来的数量最大的一批玉器，而且品种众多，雕刻也很精美，有许多实在超过了从前的传世品和发掘品。它们在制作技术上，已有熟练的操作水平，而造型和花纹方面，许多都是头等的美术品。这些花纹和殷墟铜器的花纹，有很多的共同点，都是殷墟艺术的重要的表现。"

图 10　妇好墓所 出玉人

商代晚期玉器文化的高度发达，除了集中表现在殷商王都殷墟外，在王畿和周围的方国也有所反映。

河南境内的辉县琉璃阁和罗山蟒张遗址。辉县在安阳西南，属畿内之地。琉璃阁商代晚期墓葬所出的玉器，有戈、矛等仪仗用玉，有鸟、鱼、璜、珠、柄形饰等玉装饰品，还有实用的玉镞。罗山蟒张天湖村殷墓出土的玉器共80余件，玉礼器有璧、环和瑗；仪仗用玉有戈、钺和戚；玉工具有刀、锛和铲，应为象征性的工具；玉装饰品有璜、镯、指环、柄形饰、管状珠等；此外还有许多动物形玉雕，如兽、牛、狗、兔、鸡、鱼、蝉等。从墓内所出铜器的铭文看出，此处应是息国贵族的墓地。息国与殷王室关系密切，墓中所出的大部分玉器，其造型和艺术风格都与殷墟晚期的同类器物颇为相近，可见息族受殷文化的影响是相当深的。

河北藁城台西村遗址也在王畿范围之内。台西村商代遗址和墓葬共出土玉器30多件，其中有属于仪仗用玉的戈，有刀、斧、凿等象征性工具，有玦、笄、珠、牙璧、人面形饰以及鸟、蝉等装饰品或佩饰。

江西新干大洋洲发现的商代大墓，墓中出土150余件玉器和近千件玉珠、玉管和小玉片等。玉器可以分为礼器、仪仗和装饰品三大类。玉礼器有琮、璧、环、瑗、玦、璜，还有彩石羽神和玉神人兽面形饰（见图11），也应是和祭祀或原始宗教信仰有关的器物；仪仗用玉有戈、矛和铲；玉装饰品的种类和数量很多，主要有镯、项链、笄形饰、柄形饰、鱼形饰以及蝉、蛙等。这批玉器中的琮、璧、环、瑗、戈、柄形饰等的造型和纹饰与殷墟同类玉器相同或相近，说明与中原地区的殷商文化有着较为密切的关系。发掘者认为，这座墓的墓主人应属赣江流域古越族的一支——扬越人。他们建立的奴隶主政权与中原殷商王朝同时存在，也可能是殷商王朝的方国之一。这座商墓的发现和发掘，是我国南方地区商代考古的重大收获。

四川广汉南兴镇三星堆遗址，是殷商时期蜀文化的遗存。该遗址出土青铜器、玉石器等大量珍贵文物，在1号、2号祭祀坑中所出的玉器达百件以上。玉器以礼仪用玉和玉工具为主。礼仪用玉有圭、琮、璧、环、瑗、戈、牙璋、边璋等，其中牙璋的器形较多样化，最具特色；一件石质边璋两面各阴刻两组图案，图案以人

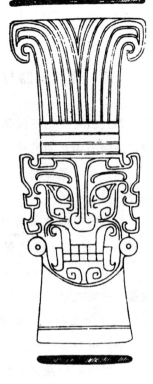

图11　新干商墓所出神人兽面形饰

物、大山为主题，给研究早期蜀文化的宗教、礼仪以及蜀人的衣冠穿戴提供了珍贵的资料。玉工具主要有斧、锛、凿、斤、锄等，其中以凿的数量最多，器形也较多样。三星堆遗址所出的一些青铜器等具有浓厚的地方特色，但是部分玉器的形制却与殷墟出土的同类器物十分近似。1号和2号祭祀坑都有经过火烧的痕迹，可与殷墟卜辞中"燎祭"的仪式相印证。这些都说明蜀人在物质文明方面曾受中原殷商文化的影响，

同时在宗教信仰、祭祀仪式方面和殷商王朝也有相近之处。

 殷墟玉器与"夷玉"和"越玉"

　　商代殷墟文化不仅是中原地区的灿烂文明，而且也是当时中国文明的中心。中国文明有它的个性和特殊风格，绚丽多彩的玉雕艺术就是中国文明显著的特征之一。

　　殷墟的玉雕艺术所以能够达到如此高超的水平，主要由于它在形成过程中不仅继承和发展了本地区——中原地区玉雕的传统，而且还吸收了周围地区玉器文化的成果，特别是东北地区红山文化和东南地区良渚文化先进的玉雕艺术，兼收并蓄，融会贯通，因而创造出空前发达的殷墟玉器文化。《尚书·顾命》记载，周成王病危，作临终之命，举行盛大的仪式，在庙的东西厢陈设许多宝物，其中有"夷玉"和"越玉"。汉儒注释说，"夷玉"就是"东夷之美玉"，"越玉"是"越地所献玉也"。周人所说的"夷玉"应包括红山文化的玉器，"越玉"应包括良渚文化的玉器。可见在西周时期，王室宝物中已有东北和东南地区所产的玉器，但因尚未发现周王和王室的陵墓，所以未能从考古方面给予证实。殷商王室的玉器数量惊人，已如上述，其中是否有夷玉和越玉，没有文献记载可查；但从殷墟出土的玉器考察，它们与红山文化玉器和良渚文化玉器都有明显的渊源关系。

殷墟玉器中与红山文化有密切关系的主要有龇形玦、钩形器和玉龙。妇好墓所出的龇形玉玦共 5 件。龇蜷曲呈圆形，身躯粗短，头、尾之间有一窄小的缺口，其造型风格和红山文化的兽形玦基本相同，仅在纹饰方面稍有差别，即红山文化的兽形玦只在头部刻出眼、耳、鼻、嘴的形象，身躯平素无纹饰；而龇形玦除头部刻出五官外，有的身躯也刻有纹饰，后者显然是从前者演变来的。妇好墓出土的玉钩形器，一端平直，有小孔，另一端呈弧形的钩状，中部有一道浅槽。这种玉器和红山文化玉钩形器的器形几乎完全相同，发掘者认为"大概来自红山文化"。殷墟所出的玉龙和红山文化的玉龙虽然有明显的差别，但在外轮廓上二者仍有近似之处，即都作卷曲状。后者的造型和纹饰较为古朴，无角无足；而前者不仅有角有足，而且周身刻有纹饰。二者虽然有一定的渊源关系，但前者比后者已有很大的发展。

殷墟玉器与良渚玉器相比较，在器类、器形和纹饰方面也有某些相同或相似之处。良渚文化最有代表性的玉礼器——玉璧和玉琮，在殷墟也出土不少。玉璧在殷墟小墓中很少发现。妇好墓中所出的玉璧有两种形式，一种为璧孔周围与璧面平，另一种为璧孔周围两面均有圆形突起。前一种璧共 12 件，与良渚文化玉璧的形状相同，但器形都较小；后一种璧为良渚文化所未见。玉琮是良渚文化最具特色的玉礼器，刻有繁简不同的兽面纹，其器形较为多样化，大致可分为四种形式：第一种为高方柱形，内圆外方，上大下小，分为若干节；第二种近似方形，一般分为两节，也有一节和三节的；第三种琮体低矮，形似玉镯，但仍为内圆外方；第四种为圆筒形，有不很明显的四角。良渚文化这四种形式的玉琮，在妇好墓中都有与之相对应的玉琮发现。近似第一种的玉琮，在妇好墓中发现1件，四角有凸棱，但不分节，也无兽面纹。类似第二种的玉琮，在妇好墓和殷墟小墓中都有出土，但都不分节。类似第三种的玉琮，妇好墓出土4件，四角有凸起形成方体，3件饰蝉纹，1件饰近似良渚文化的简化兽面纹。妇好墓中所出的3件"琮形器"，与第四种玉琮相类似，其中1件四角上下都浮雕蝉纹，四面饰上下对称的变形卷云纹，这种纹饰可能也是从良渚文化的兽面纹演变来的。由此可见，殷墟玉器中的璧和琮，与良渚文化有明显的渊源关系，有些玉琮的器形和纹饰是从良渚玉琮发展演变来的。

在装饰品方面，殷墟所出的玉镯、玉笄、玉项饰和动物形玉雕等，与良渚文化同类玉器也有相近之处。例如，良渚文化中常见的玉镯，在妇好墓中也出土不少，发掘者称之为"镯形器"。前者表面多数无纹饰，个别雕饰斜向凸棱纹或浮雕对称的龙首纹；后者有的饰弦纹或凸棱纹，有的饰卷云纹，也是一种变形的兽面纹。妇好墓还出土一件玉"瑗形器"，略呈椭圆形，外缘有5个间距相等的长方形凸起。这个瑗形器的造型风格和良渚文化瑶山墓地所出的龙首纹玉镯颇为相似，瑗形器上的长方形凸起应是良渚玉镯上浮雕龙首纹的简化形式。良渚文化的动物形玉雕如鸟、鱼、龟

（鳖）、蝉、蛙等，在殷墟妇好墓和一些小墓以及小屯北地遗址中也有发现。妇好墓出土的绿松石蝉蛙合体佩饰，和良渚文化张陵山墓地出土的蛙蝉合体玉雕主题相同，只是在雕琢技法上有所区别。前者是一面雕出蛙形，另一面雕作蝉形；后者则是在一面刻出纹饰，正看为蛙，倒看为蝉。

看来良渚文化玉器对殷墟玉器的影响是较为明显的。所以有的学者认为，殷墟文化中出现的良渚文化因素，绝不是偶然的巧合，而是不同地区之间文化影响的反映；良渚文化较高的玉雕艺术水平，传入中原后为商文化所继承，一些主要器类的造型和纹饰一直影响整个殷商时期。

重视瑞玉的西周玉器文化

公元前 11 世纪中叶，周武王姬发攻入殷都朝歌（今河南安阳），灭了商王朝，俘获的战利品中有数以万计的宝玉、佩玉（《逸周书·世俘》）。同时，殷代的一些有技术专长的玉工也成为周人的战利品，加入了周朝玉工的队伍。

周朝对玉器制造业十分重视，根据《周礼·考工记》记载，周朝设置掌管各种手工业生产的官职，称为"百工"。百工之下有专门从事玉器生产的工奴，称为"玉人"。玉人不仅为周王室，而且也为各级贵族和王官雕琢各种玉器。这是见于记载的我国历史上最早的官营琢玉手工业组织。周朝还设有"玉府"、"天府"、"典瑞"等官职。"玉府"掌管周王的"金玉、玩好、兵器,凡良货贿之藏",负责供应周王所需的"服玉、佩玉、珠玉"等(《周礼·天官·玉府》)。"天府"收藏"国之玉镇大宝器",即负责保管属于国宝的玉器,在重大的祭礼和国丧时取出陈列,事后又收藏起来(《周礼·春官·天府》)。"典瑞"收藏保管"玉瑞玉器",即一般的瑞玉和礼玉(《周礼·春官·典瑞》)。西周不仅有琢玉的技术工人队伍,而且还设有掌管金玉等财物的官职以及分级保管玉器的专门机构,充分表现出周人崇玉的思想。

周朝推行宗法制度,用"大宗"和"小宗"把奴隶主贵族层层区别开来。根据古书记载,周王自称为"天子",即上天的元子(长子),是天下的大宗,王位由嫡长子继承,世代保持大宗的地位。天子分土地和臣民给诸侯或卿大夫,他们对周天子而言是小宗。诸侯在自己的封国内又是大宗,其君位也由嫡长子继承。嫡长子的兄弟再分封为卿大夫,又为各封国的小宗。周朝对分封的诸侯分为公、侯、伯、子、男五等爵位。周朝的统治者推行宗法制度和五等爵制度,在政治上形成了严格的等级制度。

在等级制度森严的周朝,玉也被等级化、政治化了。其具体表现是以不同的器类和同一器类的不同尺寸代表不同的身份和等级。《周礼·春官·大宗伯》载:"以玉作六瑞,以等邦国。王执镇圭,公执桓圭,侯执信圭,伯执躬圭,子执谷璧,男执蒲璧。"所谓镇圭、桓圭、信圭、躬圭,器形有何不同,已无法详考,但根据《考工记》记载，这些圭的大小不同：镇圭是十二寸，桓圭为九寸，信圭为七寸，躬圭为七寸或五寸。谷璧是雕琢谷纹的璧，蒲璧是雕琢蒲纹的璧。不同爵位的贵族，在朝觐时执不同尺寸的圭或不同纹饰的璧。这四种圭和两种璧合称"六瑞"，即六种最重要的瑞玉，它们成为代表贵族不同身份地位的一种信物，起着为西周等级制度服务的作用。西周的诸侯是否存在"公、侯、伯、子、男"五等爵制，学术界有不同意见，但是封国诸侯确有侯爵、伯爵之分。玉圭是否确有镇圭、桓圭、信圭、躬圭之分，在考古工作中也尚未得到证实，但诸侯朝觐时手执圭、璧应是事实。东汉时期，诸侯王、列侯元旦朝贺时已不执圭，但仍执璧。

圭和璧既是代表身份等级的瑞玉，又可作为祭祀礼神的礼玉或祭玉。《尚书·金縢》记载，灭商的第二年，周武王生病，周公为他祈祷，营建了3个祭坛，以祭祀大王、王季、文王三位祖先，想通过祖先请命于天，于是在祭坛上放置玉璧以礼神通天，周公自己则手执表示身份的玉圭向天祷告。这是周初以圭、璧事神的实际例子。

根据《周礼·春官·大宗伯》记载，周人在祭祀典礼中有一套用玉的规定，即"以玉作六器，以礼天地四方：以苍璧礼天，以黄琮礼地，以青圭礼东方，以赤璋礼南方，以白琥礼西方，以玄璜礼北方"。郑玄解释说："礼神者必象其类：璧圜象天；琮八方象地；圭锐象春物初生；半圭曰璋，象夏物半死；琥猛象秋

三 中国玉器文化的繁荣时期

47

严；半璧曰璜，象冬闭藏，地上无物，唯天半见。"这种以不同颜色的璧、琮、圭、璋、琥、璜分别祭祀天地四方的说法，在考古工作中未能得到证实。《周礼》一般认为是战国时期的一部托古著作，所记未必符合周代的实际情况。有的学者认为，《周礼》所记关于"六器"的用途，有的可能有根据，有的则是依据字义和儒家理想硬派用途，是战国儒家把它系统化和理想化的结果。

考古发掘出土的西周玉器，主要有礼仪用玉、玉工具和用具、玉装饰品以及丧葬用玉等。

礼仪用玉有琮、璧、戈、戚、铲、牙璋等。玉琮的造型规范，都是内圆外方，多数无纹饰。陕西沣西张家坡西周墓出土的玉琮，四面都刻饰双钩线鸟纹，鸟纹是西周玉雕工艺中常见的纹样，但在玉琮上刻饰鸟纹实属罕见。玉戈一般作长条形，前锋为三角尖状。沣西张家坡西周墓出土的玉戈形制较特殊，戈身宽长，前锋圆弧形，长方形戈"内"的后部突出三角形圭角，戈身雕饰三道弧线，"内"的后部饰单线兽面纹，圭角饰三角纹。这种形制的玉戈很少见。玉戚的形状比较多样化，有的作长方形，后端有小孔；有的近似椭圆形，当中和后端各有一孔，一大一小；有的略作梯形，当中有一大圆孔。各种玉戚两侧都有齿牙形装饰。

玉工具和玉用具有刀、刻刀、凿、觿、调色器等。玉刀有的雕饰鸟纹。玉刻刀有的雕琢成兽形。据说觿是古代用于解开绳结的工具，《诗经·卫风·芄兰》中有"芄兰之支，童子佩觿"句，可见雕琢纹饰的玉觿也可能是佩玉。河南洛阳出土的一件调色器做成卧伏的牛形，背部宽平，上有4个用于调色的圆孔。故宫博物院收藏的一件商代大理石调色器，做成兽首形，也有4个调色孔，孔内还有朱砂残留。

　　玉装饰品的数量较多，包括工艺品和佩戴玉饰。工艺品主要是各种动物形玉雕（详见下节文）。佩戴玉饰有束发用的玉笄、玉发箍，有耳朵上戴的玉玦、玉环，有脖子上垂挂的项链，还有身上佩挂的成组玉佩。出土的周代以前的佩玉，过去只见零散的玉璜、玉管、玉珠等，到了西周晚期才有成组的玉佩出土。陕西张家坡西周墓所出土的一套玉串饰，由3件玉璜、4件玉管以及玛瑙珠等组成。璜的两面都雕饰双钩线龙纹；4件玉管形状各异，其中3件有花纹。河南三门峡西周虢国贵族墓出土的一套玉佩饰，组合更为复杂，主体部分是7个由小到大依次递增的玉璜，玉璜之间用200多个绿松石珠和红玛瑙管、珠加以连缀。山西曲沃曲村西周晋侯墓地出土了大量的玉器，其中成组的玉佩饰尤为引人注目。在一座属于晋侯的墓中出土玉项饰和胸腹玉佩饰。玉项饰由双环、双玦和3个玉璜以及许多玉珠、玉管、绿松石珠、玛瑙珠编连而成。胸腹前的玉佩饰更为复杂，由玉环、玉玦、玉珩、玉璜以及大量的珠玑组合而成。1993年在该墓地发掘的晋侯邦父及其两位夫人墓保存完好，随葬品丰富多彩。在一座夫人墓中出土玉石器达数百件之多，成组的玉佩饰共有3套，其中从项下直垂到足部的一套，由40多件大小不同的玉璜以及玛瑙珠等组合而成，是迄今发现的最为复杂华美的西周玉佩饰。

　　丧葬用玉起源很早，在长江、黄河流域史前时期的墓葬中就曾发现死者口中含玉、手中握玉以及眼、鼻、耳孔塞玉的现象。商周时期沿袭并发展了这种习俗。《周礼·春官·典瑞》载："驵圭、璋、璧、琮、琥、璜之渠眉，疏璧、琮以殓尸。"郑玄解释为："以组穿联六玉沟瑑之中以殓尸。圭在左，璋在首，琥在右，璜在足，璧在背，琮在腹，盖取象方明神之也。"从考古资料考察，以璧、琮殓葬的习俗盛行于新石器时代晚期，到了商周时期已趋于衰微。所以有的学者认为，《周礼》虽成书于战国时期，但其内容有不少来源于史前文化，并不全是周代的礼制。至于郑玄关于圭、璋、琥、璜、璧、琮六种玉器所在位置的解释，在考古工作中也得不到证实，因而学者有不同的看法。有的认为"是完全出于杜撰"，有的则认为是"半习俗而半理想未尽实行之文化"。根据现有的考古资料可以看出，《周礼》所载及汉儒的注释虽然不是毫无根据，但其中确有不少是儒家学者理想化、系统化的结果。

　　考古发掘出土的西周丧葬用玉，主要有缀玉覆面、玉琀、玉握以及玉棺饰等。

　　缀玉覆面　亦称缀玉幎目或缀玉面罩，是用玉雕琢成脸部各器官的形象，然后缝缀在纺织物上用以覆盖死者的脸部。陕西沣西西周中期墓中发现了迄今所知年代最早的缀玉覆面残件，计有眉、眼、耳、鼻、嘴五种，造型规整，表面刻有纹饰，其上都有用于穿线缝缀的小孔。从其形制可以看出，它已经不是最初阶段的缀玉覆面了。在一座西周中晚期墓中也发现一组缀玉覆面，有象征眉、眼、鼻、牙齿等的玉构件，虽然也不完整，但已基本上具备了五官的形象。河南三门峡虢国墓地西周晚期墓中曾发现完整的缀玉覆面，具有印堂、眉毛、眼、耳、鼻、嘴、腮、下颏、髭须等的形象。山西曲沃曲村西周晋侯墓也出土多套缀玉覆面。其中一座所出的缀玉覆面结构较为特殊，由 52 块缀玉分为上、下两层缝缀在纺织物上构成，上层缀玉 27 片，上部有菱形额，下部有近似半圆的颌，两侧有耳朵，当中有眉、眼、鼻、嘴、颊等；下层缀玉作人、虎、眼、鼻、嘴等的形象。在上层缀玉的上面还放置一件玉柄形器，位于玉鼻的上面。该墓地的晋侯邦父及两位夫人的墓葬也出土缀玉覆面。邦父墓的缀玉覆面由 40 多件缀玉组成。其中一座夫人墓所出的缀玉覆面，由象征眉、眼、耳、鼻、嘴等的各色缀玉 50 件组成，是雕琢极为精致的西周缀玉覆面。

玉琀　放在死者口中的玉器。《说文解字·玉部》载："琀，送死口中玉也。"古人将玉放于死者口中，可能是由于古人"事死如生，事亡如存"，不使死者空口；但更主要的原因应是由于迷信玉能保护尸体不朽，即所谓"口含玉石，欲化不得"。殷商时期的玉琀有玉蝉、玉鱼、玉管、玉珠等，多属装饰品类。西周时期的玉琀更是多种多样，大致可分为两类：一类是璧、琮、璜等玉礼器的残片；另一类是玉鸟、玉鱼、玉蝉、玉蚕、玉珠、玉觿等小玉饰。此外还有利用碎玉片作为玉琀的。可见商周时期的玉琀还没有形成固定的器形，只要是玉，几乎都可作为口琀。

玉握 也称玉握手，即死者手中握持的玉器。《释名·释丧制》载："握，以物著尸手中使握之也。"在死者手中放置玉握，可能是由于古人认为持玉器能沟通神灵，从而起某种巫术的作用。西周的玉握多数为圆柱形，少数作长方形扁片状。这两种器形都便于握持。沣西西周墓中的玉握多为圆柱形管状，通常为一对。有的双手均握圆柱形玉握，中有穿孔，外表还涂朱红色颜料；有的两手持不同形状的玉握，一手的玉握作圆柱形管状，另一手的玉握则为长方形片状。

玉棺饰 装饰在棺罩上的玉饰，一般为鱼形。《周礼》、《仪礼》、《礼记》等古文献记载，古时棺外多有棺罩，棺罩上还悬挂铜鱼等棺饰。从沣西西周墓出土的资料看，当时用作棺饰的除铜鱼外，还有玉鱼、蚌鱼等。在属于井叔家族的一座墓中，发现残存的玉鱼32件，按其形态可以分为两类：一类器形较小，都是直身的，没有纹饰，头部有一小孔，便于系挂；另一类器形较大，鱼身两面刻出鱼头、鱼眼、鱼鳍、鱼尾，有直身的，也有屈身作跳跃状的，嘴部或背部有小穿孔。

从三礼等先秦文献可以看出，西周重礼崇玉的风气很盛，玉器文化应该是十分发达的。但是目前所见西周玉器还不能代表当时玉器制作的最高水平。究其原因，可能主要是由于已发掘的西周墓葬多数为中、小型墓，少数级别较高的墓葬，如三门峡虢国国君墓和曲沃晋侯墓，其地位也只属于诸侯这一级，迄今尚未发现周天子和王室成员的陵墓。我们有理由相信，随着考古工作的进一步发展，将会发现品种更多、雕琢水平更高的西周玉器。

造型古朴而形象逼真的
商周动物形玉雕

　　动物形玉雕亦称象生玉器或肖生玉器，在商代晚期至西周时期十分盛行，是当时玉器创作的主要题材之一。雕琢技法多数为片状浮雕，少数为圆雕。动物形玉雕种类繁多，形态多种多样，大致可分为现实动物、神话动物和怪异动物三大类。

　　现实动物　现实动物玉雕的种类和数量最多，又可分为兽类、禽类、爬行动物、两栖动物、水生动物和昆虫等类。

　　兽类玉雕　有虎、象、熊、鹿、猴、马、牛、狗、猪、羊头、兔以及蝙蝠等。玉虎有浮雕的，也有圆雕的；有作卧伏状的，也有呈行走或奔跑姿态的，形态多样。圆雕的玉虎由圆柱体玉料雕琢而成，虎身有长有短，短者比例适中，长者的身躯给以合理的夸张，因而并不使人感到失真，反而更显得勇猛、威武。一对圆雕的玉象，大小、神态基本相同，纹饰也完全一样。象作站立状，身躯肥胖，四肢粗短，大耳下垂，长鼻上扬，鼻尖内卷成圆孔，把幼象娇憨活泼的稚态表现得淋漓尽致。上述玉虎和玉象都出自殷墟妇好墓。殷商时期的玉鹿出土不多，殷墟出土的玉鹿作卧伏状，头上无角，似为幼鹿。山东滕县前掌大商代晚期墓中出土的一件玉鹿作站立状，双角分出许多枝杈。这种双角多枝杈的玉鹿不见于殷墟，但在西周时期的墓葬中却较为多见。陕西宝鸡和沣西西周墓以及河南三门峡虢国墓地西周晚期墓中都曾出土有多杈鹿角的玉鹿。西周的这类玉鹿不仅数量多，而且形态多样，有呈卧伏状的，也有作站立或奔跑状的。雕琢的纹饰一般较为简洁，但能充分表现鹿的性格特征，因而形态逼真，栩栩如生，成为西周具有代表性的动物形玉雕。

禽类玉雕　有鸟、鹤、鹰、雁、鸽、燕、鹅、鸭、鸡、雀、鹦鹉、鸱鸮、鸬鹚等。其中玉鹦鹉的数量最多，形态也较为多样化。鹦鹉高冠钩喙，或直肢，或屈肢，有夔冠鹦鹉，有长尾鹦鹉，有刀尾鹦鹉，还有尾部相连的双鹦鹉。河南罗山蟒张殷墓中所出的玉鸡，高冠宽尾，背部有小孔，可穿系佩戴，是较为罕见的玉雕。山东济阳西周墓所出的玉鸬鹚，作站立回首状，嘴衔一条小鱼，系利用玉料的自然颜色，雕琢出青黄色的鸬鹚和赭色的小鱼，实为一件不可多得的西周俏色玉雕艺术品。

爬行动物玉雕　有龟、鳖、蜥蜴、壁虎等。安阳殷墟出土的玉鳖，背部为黑色，头、颈和腹部呈灰白色，也是巧妙地利用玉料的天然颜色雕琢而成的俏色玉器，属于我国早期的俏色作品。

两栖动物玉雕　只见有玉蛙。殷墟妇好墓除出土玉蛙外，还发现用孔雀石和绿松石雕成的蛙。绿松石蛙是蝉和蛙的合体，一面雕成蛙形，另一面则作蝉形，二者巧妙地结合为一体。

水生动物玉雕　有鱼、螺蛳等。玉鱼的数量在动物形玉雕中为数最多，形态不尽相同。鱼身有直条形的，也有弯曲呈弧形的。其中许多纹饰简单或没有刻纹的小玉鱼，可能不是人身佩戴的装饰品，而是悬挂在棺罩上的玉饰，其性质与作为棺饰的铜鱼相同。还有一些玉鱼的尾部琢磨成刀刃或小勺，而成为玉刻刀、玉耳勺。

昆虫类玉雕　有蝉、蚕、螳螂、蚱蜢等。山西灵石晚商墓出土的玉蝉、殷墟妇好墓出土的玉螳螂和陕西周原博物馆收藏的玉蚕等，雕琢精致，形象逼真，是商周象生玉器中的佳作。

神话动物　神话动物玉雕主要是玉龙和玉凤。龙和凤都是中国传统的神话动物。龙的艺术形象在新石器时代就已出现，红山文化遗址中就有原始形态的玉龙出土。商周时期玉龙的形象有了进一步的发展，造型更加多样化，纹饰也更为复杂，因而更接近后代的龙形。殷代的玉龙，绝大多数为蟠曲形，少数作卧伏状，圆雕的龙头上都有双角。殷墟妇好墓出土的一件圆雕玉龙，龙头方形，张口露齿，龙身卷曲，两短足前屈，刻出四爪，中脊有扉棱状突起，身、尾饰菱形纹和三角形纹，神态威武而优美，是商代动物形玉雕中难得的珍品（见图12）。该墓所出土的另一件圆雕玉龙，身躯蟠曲成椭圆形，头部竖立两个钝角，背部和尾部饰鳞纹，躯体两侧饰云纹，腹部有象征腹鳞的刻纹。沣西西周墓所出土的玉龙也作蟠曲状，头上有

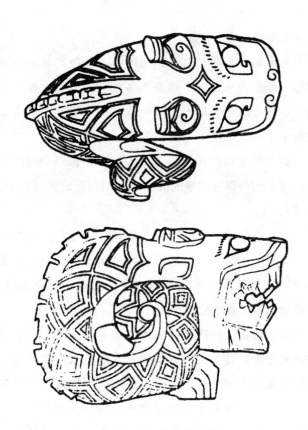

图 12　妇好墓所出玉龙

角，腹下有爪，背有中脊，两侧饰鳞形纹。三门峡虢
国墓地出土的西周晚期玉龙则作卧伏状，龙头上有蘑
菇状角，腹下有足，长尾上卷，尾上有一小孔。玉凤
出土不多，妇好墓出土过一件片状透雕的玉凤，作侧
身回首状，头上有美丽的羽冠，短翅长尾，尾端分叉，
整体弯曲呈弧形，姿态十分优美，是一件难得的艺术
珍品（见图 13）。

怪异动物　怪异动物玉雕多数为圆雕而成，其形

象各不相同。出土于妇好墓的有怪鸟和怪兽。其中一件怪鸟作站立状，鸟身而虎头，张口露牙，两耳竖立，形状怪异。还有一件怪鸟站立在刻有云气纹的玉饰上，背负一龙，龙身上翘，尾尖内卷，全器状似怪鸟负龙遨游于云彩间。一件怪兽脸如狐狸，头上有两个卷角，钩喙圆眼，两翼而四足，非禽非兽。另一件怪兽，兽头鱼身，似作昂首游水状。此

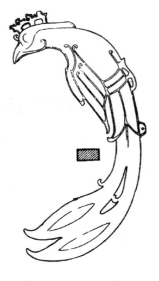

图 13　妇好墓所出玉凤

外，沣西西周墓所出的一件透雕玉饰，造型也十分奇特。全器可分为上、中、下三部分：上部一侧为一龙首，其上有一小人头，头上有螺形单髻，另一侧为一较大的人头，头上有双螺髻；中部为一蟠龙；下部一侧为头部向上的卷尾龙，另一侧有一只倒立的尖喙凤鸟。三龙一凤和两个人头巧妙而和谐地结合在一起，是西周时期罕见的艺术珍品。

四 中国玉器文化的成熟时期

（公元前 8 世纪至前 3 世纪）

　　西周末年，西北的少数民族——戎狄族不断入侵。公元前 770 年，申侯勾结犬戎，杀死周幽王，西周灭亡。幽王的太子宜臼依靠诸侯的援助立为平王，并东迁雒邑（今河南洛阳），历史上称为东周。从此以后，周王室衰弱，失去了控制四方诸侯的能力，出现了侯国互相兼并、大国彼此争霸的局面。经过 300 多年，只剩下齐、楚、燕、秦、韩、赵、魏 7 个大国。此后又经过近 200 年更加剧烈的兼并战争，秦始皇于公元前 221 年统一了全国，建立了中国历史上第一个中央集权的封建王朝——秦朝。从周平王东迁到秦朝建立的这段时间，历史上称为春秋战国时期。

　　春秋战国是我国历史上的大动乱时期，同时也是各民族社会、经济、文化迅速发展的时期。各侯国的争霸和兼并促进了各个地区的统一，为全国性的大统一准备了必要的条件。频繁的战争加重了人民的痛苦，也推动了社会的发展，加速了各族人民间的相互融合，使华夏族和周围少数民族之间的界限逐渐消失，为一个多民族的统一国家的建立奠定了基础。政治上的逐渐统一，促进了经济上的不断进步，到了战国时期，社会上呈现出了空前的繁荣景象，生产力大大提高。

经济的发达，促进了文化的繁荣昌盛。战国时期，诸子百家竞相著书立说，出现了"百家争鸣"的可喜景象。孔子创立的儒家学派提倡"贵玉"、"崇玉"的思想，给玉器文化的发达提供了理论基础。

铁制生产工具的广泛使用，是生产力发展的主要标志之一。战国时期，农业和各种手工业都普遍使用铁工具，在琢玉手工业中也是如此。"工欲善其事，必先利其器。"铁制工具在琢玉工艺中的应用，给战国时期玉器制造业的高度发达提供了优越的条件。由于经济的发展，王室和各诸侯国的高级贵族为了满足奢侈的生活，对玉器的需求量日益增大，也加快了碾玉手工业的进一步发展。当时人们认为，最好的玉是"和氏璧"。《韩非子》一书中曾经记载了这样一个故事：楚国人卞和在山中得到一块带石皮的美玉，将它献给楚厉王。厉王使玉工辨认，玉工说是石头，卞和因而被认为是欺君而砍掉左脚。以后卞和又献给武王，又因同样的原因被砍掉右脚。文王即位后，卞和抱玉哭于楚山之下，文王派人问他为什么哭？他说是因为宝玉被看成石头而悲伤。文王就使玉工去掉石皮，终于得到了宝玉，并命名为"和氏之璧"。这个故事虽然是韩非愤慨于法家的"法术"不被重视而编造出来的，但也反映出"和氏璧"是当时人们公认的宝玉。

东周王室和各诸侯国的贵族都以玉为宝，因而除王室所在地的洛阳外，列国的都邑和重要城址附近的贵族墓葬中，都出土许多精美的东周玉器。属于春秋时期的玉器，主要有山西侯马、太原、长子等地出土的晋国玉器，河南新郑出土的郑国玉器，山东临淄故城发现的齐国玉器，陕西凤翔、宝鸡、户县、陇县等地出土的秦国玉器，河南淅川发现的楚国玉器，河南三门峡发现的虢国玉器，江苏吴县、六合和河南固始出土的吴国玉器，山东境内发现的莒国、鄅国玉器，河南境内发现的曾国、黄国玉器，以及安徽境内出土的蔡国玉器等。属于战国时期的玉器，主要有河南新郑、山西长治所出土的韩国玉器，河北邯郸发现的赵国玉器，河南辉县发现的魏国玉器，山东曲阜发现的鲁国玉器，浙江绍兴发现的越国玉器，以及河南、湖北、湖南、安徽等地出土的楚国玉器。此外，一些小国国君的墓葬也出土不少精美的玉器。例如河北平山战国中山王及其亲属的墓葬，虽屡经盗掘，仍然有数以千计的各种玉器出土。湖北随州擂鼓墩曾侯乙墓出土玉、石等饰物 500 余件，其中以各种佩饰最为引人注目。

由于铁工具的广泛应用，各种手工业的迅速发展，战国时期除了官府手工业外，还出现了私营手工业。当时已存在"百工居肆"、"工肆之人"的民间手工业者，其中也包括从事雕琢玉器的工匠。由于私营琢玉作坊的兴起，使玉器成为商品而出现在市场上，所谓"耕田之利十倍，珠玉之利百倍"（《战国策》），可见买卖玉器已成为当时商人发财致富的主要途径之一。

各国贵族对玉器的爱好，琢玉工具的进步，官营和私营琢玉手工业的发达，以及儒家学派"贵玉"思想的影响等，促成战国时期玉器文化的空前发达，从而进入我国玉器发展史上的第三个高峰期。

玉被儒家学派赋予许多美德

在等级制度森严的西周时期，玉也被人们等级化了。春秋战国时期，在文化思想方面形成"诸子争鸣"的新局面，当时政治上主张"德治"和"仁政"的儒家学派，提倡"君子比德于玉"，于是玉被人为地赋予许多美德。玉在等级化的基础上，又进一步被人格化、道德化了。

玉的道德化有一个发展演变的过程。《礼记·聘义》记载，儒家学派的创始者孔子回答弟子子贡关于"君子贵玉而贱珉"的问题时说，君子所以"贵玉"，原因是玉具有十一种美德，即"温润而泽，仁也；缜密以栗，知（智）也；廉而不刿（音 guì），义也；垂之如队，礼也；叩之其声清越以长，其终诎（音 qū）然，乐也；瑕不掩瑜，瑜不掩瑕，忠也；孚尹旁达，信也；气如白虹，天也；精神见于山川，地也；圭璋特达，德也；天下莫不贵者，道也。"从十一德的具体内容考察，所谓仁、智、义、礼、乐、忠诸德，主要是根据玉的色泽、质地、透明度以及敲击时发出的声音等物理性能而加以美化。所谓信、天、地、德、道的涵义，纯属于抽象的溢美之词，缺乏实质的内容和根据。《礼记》一书虽为汉儒所编定，但内容多采自先秦旧籍。《管子·水地》则说："夫玉之所贵者，九德出焉。夫玉温润而泽，仁也；邻以理者，知（智）也；坚而不蹙，义也；廉而不刿，行也；鲜而不垢，洁也；折而不挠，勇也；瑕适皆见，精也；茂华光泽，并通而相陵，容也；叩之，其音清搏彻远，纯而不杀，辞也。"《管子》所载玉的九德与《礼记》的十一德相比，虽有相同之处，但显然前进了一步，省去了一些抽象的、形而上学的"德"，而增加的几种"德"，虽然名称不同，但其具体内容仍然和玉的各种物理性能有关系。《荀子·法行》也记载孔子答子贡关于君子"贵玉"的原因，但所说不是十一德而是七德，即"温润而泽，仁也；栗而理，知（智）也；坚刚而不屈，义也；廉而不刿，行也；折而不挠，勇也；瑕适并见，情也；扣之，其声清扬而远闻，其止辍然，辞也。"《荀子》所说的七德与《管子》所说的九德相比，除减少"洁"和"容"两德外，其他七德不仅名称基本相同，而且内容也基本一致。《荀子》的七德说显然是渊源于《管子》的九德说，只是对前者稍作精简而已。可见，在春秋战国时期，关于玉德的学说有一个发展演变的过程，其趋势是从繁杂到精简，形而上学的内容也相对地逐渐减少。

到了汉代，儒家"贵玉"的思想得到了继承，玉德学说又有所发展。玉德的内容进一步精炼，去虚存实，达到成熟的地步。西汉刘向《说苑》的《杂言》篇中说，"玉有六美"，即"望之温润者，君子比德焉；

近之栗理者，君子比智焉；声近徐而闻远者，君子比义焉；折而不挠，阙而不荏者，君子比勇焉；廉而不刿者，君子比仁焉；有瑕必见之于外者，君子比情焉"。《说苑》所说的六美，实际上也就是六德。六美与七德相比，省去了难以达意的"辞"德，将其具体内容移于"义"德，但也基本上概括了七德的具体内容。东汉许慎在《说文解字》中总结了东周以来的玉德学说，提出了玉有仁、义、智、勇、絜五德的说法。《说文解字·玉部》载："玉，石之美有五德者。润泽以温，仁之方也；鰓理自外，可以知中，义之方也；其声舒扬，专以远闻，智之方也；不挠而折，勇之方也；锐廉而不忮（音zhì），絜之方也。"五德与六美相比，又省去一德，名称也稍有出入，但所包含的内容基本上是一致的。五德的说法是汉代人在先秦玉德学说的基础上进行总结归纳得来的，突出了玉德的基本内容，集中地代表了汉人贵玉的观念。"五德"概括了玉的质感、质地、透明度、敲击时发出的声音以及坚韧不挠等物理性能。五德中最重要的德是"仁"，是指"润泽以温"的玉的质感。"仁"是儒家思想道德的基础，所以儒家学派用"仁"来代表玉的本质。

《说苑》称"玉有六美"。不说"六德"，而说"六美"，说明人们已认识到玉的德和美是统一的、不可分割的。《说文解字》对玉所下的定义包括两个方面：一方面是"石之美"，另一方面是"有五德"。所谓"美"就是指玉的外观美，"德"是指玉的本质、质地，二者缺一不可。《礼记》的"十一德"、《管子》

的 "九德"、《荀子》的 "七德"，基本上是以儒家学派的道德信条附会于玉的各种物理性能，也就是玉的质地，都未涉及玉的颜色，即玉的外观美。这就是先秦时期人们分辨玉材时 "首德而次符" 的思想表现。"德" 是指玉的质地，"符" 是指玉的颜色。到了汉代，情况有所不同，人们既重视玉的质地，也重视玉的外观美，将 "美" 和 "五德" 并列，作为玉所以不同于一般石头的两个不可缺少的因素，也可以说对玉的认识比以前更加全面、客观了。

佩玉成为春秋战国玉器的主流

儒家学派贵玉思想的主要表现是，认为玉有许多美德，因而主张 "君子无故，玉不去身，君子于玉比德焉"，提倡 "君子必佩玉"（《礼记·玉藻》）。所谓 "君子"，即士以上的各级贵族。从天子到士的大小贵族，除办丧事外，都要佩带玉饰。佩玉既是装饰和表示自己身份的高贵，也是具有高尚品德和良好道德修养的象征。贵族佩带成组的玉饰，走起路来有板有眼，玉饰相碰发出清脆悦耳的声音，以显示他们的贵族风度和 "美德"。

佩挂成组玉饰的习俗，在西周时期就相当盛行。春秋战国时期，由于儒家学派的大力提倡，给佩玉加上理论根据，因而贵族佩挂成组玉饰的风气更加盛行，佩玉成为当时玉器中的主流。

春秋战国时期的佩玉，数量和种类都很多。《诗·

郑风·女曰鸡鸣》有"知子之来之，杂佩以赠之"的诗句。传曰："杂佩者，珩璜琚瑀冲牙之类。"《周礼·玉府》："共王之服玉、佩玉、珠玉。"郑注引诗传曰："佩玉上有葱衡（珩），下有双璜，冲牙、蠙珠以纳其间。"佩玉的种类，除珩、璜、琚、瑀、冲牙等外，还有玉璧、玉环、玉龙、玉凤、玉虎、玉珠、玉管等。这些玉佩饰都有穿孔，便于穿系佩挂。佩玉一般由多种玉饰组合而成为串饰，也称组玉佩。组成串饰的饰物，除玉质者外，还包括水晶、玛瑙、绿松石以及彩石等制品。从考古资料考察，玉串饰或组玉佩的组合形式多种多样，看不出有一定的组合制度，但也存在一个规律，即等级越高的贵族，所佩玉串饰或组玉佩的组合也越复杂。

春秋战国时期的玉串饰，种类较多，用途也不尽相同。有戴在颈部作为项饰的，有戴在手腕上作为手镯的，有作为耳饰的，有作为腿部装饰的，还有佩挂在胸腹部的玉串饰或组玉佩。其中以胸腹部的玉串饰或组玉佩最为重要，严格意义上的佩玉主要是指这一种串饰。

三门峡虢国墓地西周晚期至春秋早期的墓葬中，在死者的颈部、耳部、头侧、腕部、腿部和胸腹部曾发现用于装饰的串饰。颈部的项饰最多，腕部的串饰次之。项饰是当时很流行的一种串饰，男女都可佩带。该墓地第 1820 号墓出土的项饰，由 101 枚鸡血石或玛瑙珠、10 枚马蹄形石饰、1 枚椭圆形玉饰和 2 枚小石饰串穿而成，红白相间，色彩绚丽，出土时排列有序，便于复原。

属于项部的串饰，除了虢国墓地出土 10 多组外，河南淅川下寺春秋楚墓、河南叶县战国楚墓、河北平山战国中山国墓等也曾发现由玉珠、玛瑙珠、水晶珠等组成的项饰。

属于胸腹部的玉串饰或组玉佩出土很多，其组成部分多种多样，例如玉人、玉牌饰、小型玉璧、玉环、玉璜、玉冲牙、玉瓶形饰、玉龙、玉虎、玉龙凤纹佩等。由于种种原因，多数佩玉在出土时已经散乱，很难恢复原来的组合情况。能够恢复原貌的组玉佩为数不多，现择要介绍于下。

安徽寿县蔡侯墓出土佩玉一副，计有玉璧、玉环、玉璜、玉龙、玉管形饰等。洛阳中州路 1316 号墓所出的组玉佩，上部为一玉髓环，中部分为两行，一行为玉璧，一行为小型玉髓环，下部并穿一虬龙形石饰，其间加缀水晶珠和绿松石珠。这套组玉佩出土在死者的胸部。中州路第 2717 号墓出土 3 套组玉佩，其中 2 套出在死者腹部，其组合形式相同，排列顺序是上面为一玉璧，中间穿璧（音 liú）玉、紫晶珠，下面为一虬龙形玉饰。另一套出在棺椁之间，排列顺序是上面为一玉璜，下系长条形玉管和两枚料珠，两侧各系一兽形玉饰，似为未完工的半成品。

曲阜鲁国故城乙组第 58 号墓所出的一套组玉佩，组合较为复杂。最上方是一枚谷纹璧，璧的上部有方形突起，中有一孔，用于系挂；璧的下部两侧有透雕的夔凤纹装饰。玉璧的下面为两行由玉腰鼓形珠、扁圆形珠和玉管组成的串饰，串饰下为一圆柱形玉管，管的两侧有对称的透雕龙纹。所有珠、管都饰谷纹。最下方是一件横置的卷曲玉龙，龙的身躯满饰涡纹。这套组玉佩雕琢精致，结构巧妙美观，出土在棺内底部，应为墓主人生前心爱的佩饰。

随州曾侯乙墓出土的佩玉，种类、数量多，雕琢工艺水平高，在战国墓中是首屈一指的。其中墓主腹部的一件龙凤纹玉佩，全器用一块玉料雕琢出4节和3个椭圆形环，中间一环是活动的，因而可以折叠。3个环刻成一条龙的形象，上环为龙首，中、下环为龙身。4节都是透雕而成，纹饰左右对称。第一节为对首的双凤；第二节为卷曲的双龙，龙首上下交错，龙尾各为一凤，还用阴线刻出4条蛇的形象；第三节为体形较小的双龙，龙首相背；第四节为对首的双龙。龙和凤的细部均用极细的阴线刻饰。这件玉佩共雕琢出7条龙、4只凤和4条蛇，布局严谨，造型优美，工艺精湛，是难得的玉雕珍品。从出土位置考察，应是曾侯生前挂在胸腹间的玉佩。该墓还出土一件多节龙凤纹玉佩。全器呈长带状，由5块玉料雕琢而成，分为16节，节与节之间以活环套扣。其中4个活环利用销钉插接，因而可以拆开；8个活环系用镂空技法制成，不能拆卸。各节透雕成龙、凤或璧、环形，并在两面雕出龙、凤的细部和璧、环上的谷纹、云纹、绚索纹等。此外，还有平雕或阴刻的龙、凤、蛇等纹饰。全器共雕出37条龙、7只凤和10条蛇，形象千姿百态，栩栩如生。这件多节组合的玉佩，器形玲珑剔透，纹饰细腻繁缛，集切割、分雕连接、透雕、平雕、阴刻、剔地、碾磨、钻孔等多种玉雕技艺于一体，制作的难度之大，工艺之精湛，都是十分罕见的，是我国古代佩玉中不可多得的珍品（见图14）。这件佩玉出土时卷折放置在曾侯的下颌附近，有人认为是佩饰，也有人认为是曾侯所戴冠帽的"玉缨"（帽带）。

洛阳金村东周王室墓葬所出的一组精美的玉佩饰，分为上下两部分。上部由5个玉管用金丝细链串穿成椭圆形圈，圈内中心有一对连体的玉雕舞伎，舞伎秀发卷鬃，翘袖折腰，长裙曳地，作翩翩起舞状；下部当中为一双首合身卷龙玉佩，左右龙爪各悬挂一虬龙形玉饰；上、下部之间有玉管连缀。这件组玉佩是玉雕工艺和金银细工相结合的艺术精品，作为组玉佩主要构件的玉雕舞伎，具有浓厚的生活气息，和西周、春秋时期神情

图14　曾侯乙墓所出多节龙凤纹玉佩

呆板的玉人迥然不同。这应是战国时期社会大变革带来的新气息在玉雕艺术中的一种表现，它和两汉时期佩玉中常见的"翘袖折腰"玉舞人有着直接的渊源关系。

从考古资料得知，春秋战国时期除各级贵族普遍佩玉外，一些高级贵族身边的奴婢也佩带组合较为简单的玉串饰。山东临淄郎家庄春秋晚期墓的陪葬坑中，曾发现殉葬人戴的串饰，由水晶环、水晶珠、玉髓环、玉髓璜、玛瑙珠等组成。殉葬人多为年轻的女性，应是墓主人的姜婢。河南信阳和湖北江陵战国楚墓所出的彩绘木俑，胸前绘出成组的饰物。信阳2号楚墓彩绘木俑胸腹前的组玉佩大致可分为两种形式，一种是上部用交叉的锦带穿系彩结和彩环，环下分为左右两串饰，每串饰从上往下各穿5个小珠，并用彩结连接一璜，璜下穿连3个较大的珠、彩结和彩环；另一种串饰只有一条，由彩带、彩结、彩环和珠、璜组成。湖北江陵武昌义地6号楚墓所出的两件彩绘木俑，胸前佩挂两串组玉佩，左右各一串，从两腋下直垂至膝下，由珠、管、环、璜等玉饰组成，左右对称。

从上述资料可以看出，在春秋战国时期，贵族家里地位较高的奴婢也佩带玉串饰或组玉佩，但玉饰的种类较少，一般只有玉珠、玉环和玉璜，组合比较简单，通常是环在上，璜在下。临淄郎家庄陪葬坑出土的串饰中有许多水晶制品，可能是由于距临淄不远的江苏东海县盛产天然水晶，因而就地取材的缘故。也有学者认为，水晶、玉髓饰物可能是夷人传统的工艺品。郎家庄陪葬坑所出串饰的组合和中原地区的玉串饰不同，玉髓璜的器形和中原地区的玉璜也有明显的差别，所以这些串饰可能是齐国"后宫姜婢"中夷人的遗物，应属夷人文化。至于当时玉串饰的佩挂方法，看来至少有三种形式，一是玉串饰只有一条，从腰带下垂于腹前；二是玉串饰在彩环以下分为两条较短的玉饰；三是玉串饰为两长条，从两腋下垂于胸腹两侧，直至膝下。

 ## 礼仪用玉仍然占有重要的地位

《周礼》所载璧、琮、圭、璋、琥、璜六种玉礼器（所谓"六器"）的用途，有的符合实际情况，有的是儒家学派系统化、理想化的结果，所以未必完全可信。从考古资料判断，春秋战国时期，玉璧、玉圭、玉璋仍然是主要的玉礼器。玉琮的数量很少，而且形制多不规整，已不属主要礼器。玉璜和玉琥主要已用作佩饰，但在某些礼仪场合也使用。此外，玉环、玉瑗、玉玦、玉龙等，有时也可作为事神的礼玉。《左传·庄公十年》"牺牲玉帛"疏："《正义》曰：四者皆祭神之物。"这里所说的"玉"，应包括"六器"以及其他有关的玉器。至于玉戈、玉钺、玉戚、玉斧、玉矛等，都不是实用的武器，而是作为显示贵族威严的仪仗用的，也应属于礼仪用玉。春秋战国时期玉礼器的演变，正是当时社会经济、政治制度以及意识形态变革和发展的一种反映。

春秋后期，周王室衰弱，失去了控制诸侯的力量。周天子的话没有人听了，侯国互相兼并，大国争霸，打破了王室独尊的局面；后来侯国的大夫也互相兼并，打破了公室独尊的局面。当时的诸侯、卿大夫为了维护内部的团结，打击敌对的政治势力，经常举行一种集会，制定公约，对神发誓，即所谓"盟誓"。《礼记·曲礼下》说："约信曰誓，涖牲曰盟。"所谓"盟"，就是杀牲歃血，对神发誓。盟誓的言辞写在玉"策"上，称为"载书"或"盟书"。举行盟誓仪式时，先在地上挖坑（称为"坎"），在坑上杀牲取血，用血为盟，然后宣读盟书以告神。仪式结束后，盟书正本放置坑中，和杀死的牲口一起埋掉，副本留作存查，藏于盟府。河南温县和山西侯马都曾发现春秋后期晋国的盟誓遗址和大量的玉石盟书以及用于祭祀的玉器。

温县盟誓遗址位于县城东北 12.5 公里的沁河南岸，20 世纪 30 年代以来曾多次出土写有盟辞的圭形石片，称为"沁阳载书"或"沁阳盟书"。1980～1982年发现盟誓土坑（即"坎"）124 个，有 16 个坑出土玉石盟书，其中 1 号坎出土盟书近 5000 片。盟书文字系用毛笔墨书，字体风格不相同，显然是出自多人之手。经学者研究，1 号坎盟书的年代为晋定公十五年（公元前 497 年），主盟者是晋国六卿中的韩氏。温县盟书（包括"沁阳载书"）绝大部分为圭形，少数作璋形或简形。许多盟辞句首有"圭命"二字，也有写作"圭命曰"、"圭命之言曰"等。这些盟辞的内容大体一致，都是要求参盟者忠于其主。玉圭在东周时期是用于祭祀神祇祖先的礼器。命圭是周天子赐给诸侯的瑞玉，书写天子的命书。爵位不同，圭的尺寸也不一样。诸侯朝觐天子时，必须执命圭作为信物。盟书多作圭形，盟辞句首又有"圭命"等字样，说明圭是当时主要的玉礼器之一，既是礼神的祭玉，又是代表贵族身份地位的瑞玉。盟誓遗址中有些坑仅见玉璧、玉兽等玉器，这些玉器应是盟誓时奉献给神祇或祖先的祭玉。

山西侯马盟誓遗址位于晋城遗址的东南，遗址内共发现长方形竖坑 400 余个，发掘了其中的 326 个。坑底一般都埋有作为牺牲的兽骨，大坑多数埋牛或马，小坑主要埋羊。多数坑的北壁凿有小壁龛，龛里放置礼神的玉器。从出土的迹象可以看出，掩埋的顺序是先在壁龛中放置玉器，然后再埋牺牲和盟书。侯马盟书共发现 5000 余件，字迹比较清楚的有 656 件。盟誓辞文用毛笔书写，字迹一般为朱红色，少数为黑墨色。盟书有石质的，也有玉质的，石是玉的代用品。石质盟书以圭形为主，玉质盟书除圭形的以外，还有璜形的，其余像是制作玉器时剩下的材料，有圆形的，也有不规则的块状和片状的。盟书以玉石为材料，可能是因为玉石坚硬，能够长久保存下来；而更重要的原因是，自古以来玉被认为是"神物"，是能够沟通人、神的理想物。壁龛中放置的玉器，种类较多，有圭、璋、璧、环、瑗、玦、璜、珑、戈等。这些玉器和牛、马、羊等牺牲一样，是举行盟誓仪式时祭祀神祇或祖先的祭品，属于事神的祭玉。侯马盟书的内容和年代，有的学者认为是公元前 5 世纪晋国的载书，也有学者认为是公元前 4 世纪赵国的盟书。

《周礼·肆师》记载："立大祀，用玉帛牲牷；立次祀，用牲币；立小祀用牲。"春秋战国时期，重大的祭祀活动也都要用玉。陕西凤翔马家庄春秋秦国宗庙遗址发现祭祀坑 181 个，其中多数埋牛羊，也有埋奴隶或车马的。在遗址和祭祀坑内发现许多玉石器，计有玉璧 81 件，玉璜 21 件，玉玦 21 件，石圭 34 件。璧多数为素面，少数饰简化云雷纹或阴刻勾连云纹，有的学者认为这两种纹饰都是简化的龙纹，属于秦式玉器。璜有的没有纹饰，有的阴刻简化云雷纹，表面多涂有朱砂。玦圆形或椭圆形，有缺口。这些玉石器的形体多数较小，制作较为粗糙，形制也不甚规整，显然是专为祭祀而制作的祭玉。

凤翔瓦窑头曾出土玉琮、玉璧、玉璜、玉觽和圆形玉饰等秦国玉器。其中玉璧的一面涂一层朱砂；玉璜的两面都涂朱砂；圆形玉饰的两面也均涂一层朱砂，而且制作不甚规整，当为明器。这些玉器的出土地点在秦雍城遗址内偏北部，附近有大量的细绳纹瓦片和半瓦当等建筑材料，推测该地为一处面积较大的建筑遗址。这些玉器当与祭祀有关。

战国时期诸侯贵族祭墓时也有埋玉的习俗。河南辉县固围村魏国王族墓地中的 1 号墓，墓上原有五开间的享堂建筑，在享堂东南部的散水下面发现了两个埋祭玉的小坑。1 号坑坑底铺一层绢帛，并涂红朱。绢帛上放着玉环、玉柄饰和料珠各 2 件。2 号坑坑底也有朱色绢纹，在坑的北壁挖一弧形小穴，内藏玉、石器和琉璃珠等共 211 件。其中，玉册由 50 枚玉简组成，简上无朱、墨痕迹，长约 22.5 厘米，长度介于周尺与汉尺之间。玉圭共 6 件，均为尖首圭，有的表面遗留朱白相间的绢帛残片，可见玉圭是用绢帛包裹后埋入祭祀坑的。大、中、小玉璜共 4 件。大型玉璜 1 件，由 7 块白玉和两个鎏金的铜兽头雕琢组合而成，当中 5 块玉中空，以铜片贯穿，联为一体，铜片两端伸出，做成鎏金兽头，兽口衔一椭圆形透雕玉片。全器布局匀称，刻工剔透玲珑，堪称玉雕佳作。中型玉璜 2 件，器形和纹饰相同，应为一对，表面饰谷纹，两端雕作龙首形。小型玉璜 1 件，两端只略具龙头形态。玉环共 43 件，表面有饰谷纹的，有饰绞丝纹的，也有素面的。除玉器外，坑内还出土石圭 50 件、琉璃珠 56 件。石圭应是玉圭的代用品，二者在祭祀中所起的作用应该是相同的。

这两个坑坑底铺涂朱绢帛，玉册、玉圭、玉璜、玉环等皆放置有序，这些绢帛珠玉显然是祭祀后埋藏下来的遗物，埋藏的时代约为战国中期。

 玉璧的造型和纹饰多样化

春秋时期的玉璧，有不少是素面的，但雕琢纹饰的玉璧已相当多。当时流行的纹饰主要有蟠虺（音 huǐ）纹、卷云纹、云雷纹、勾连云纹等。河南光山黄君孟夫妇墓出土的春秋早期玉璧，一面雕饰细密的双阴线蟠虺纹，另一面光素无纹饰。河南淅川乙组 1 号楚墓所出的玉璧，有的正面雕琢浮起的蟠虺纹，内外沿各有绹索纹一周，背面磨光无纹饰。江苏吴县严山吴国玉器窖藏中的玉璧，多数以减地法琢出浅浮雕或阴刻的各种纹饰，纹饰题材以蟠虺纹、鸟纹为主，以羽状细划纹、网格纹为辅，部分璧的内外边缘有阴刻的弦纹或绞丝纹各一周。其中一件两面浅浮雕蟠虺纹，夹以羽状细划纹，纹饰布局匀称，繁而不乱。河南固始侯古堆1号墓所出的玉璧中，有的两面均雕琢勾连云纹，其中一面剔地，使纹饰突起，璧的内外边缘各有一周阴刻弦纹。

　　陕西凤翔秦雍城遗址及其附近，曾出土几批春秋时期的玉器。雍城外西南隅河南屯出土的2件玉璧，具有秦国玉器的明显特色。其中较大的一件，两面均阴刻纹饰，主纹为互相蟠纠的勾连纹，以5圈绹纹隔成内外四区花纹带，纹饰繁细，线条流畅（见图15）。这件璧直径29.7厘米，孔径（古人称"好"）5.94厘米，边宽（古人称"肉"）11.88厘米。"肉"的尺寸正是"好"的一倍，与《尔雅·释器》"肉倍好谓之璧"的记载完全符合，这在玉璧中还是很少见的。又《周礼·考工记·玉人》记载："璧、琮九寸，诸侯以享天子。"郑注："享，献也。聘礼享君以璧，享夫人以琮。"诸侯献给周天子的璧，直径为9寸，这件玉璧的直径折合周制已超过一尺，在先秦玉璧中是罕见的。璧的出土地点附近，发现有夯土遗迹以及秦、汉瓦当等遗物，可知该处原应有宫殿之类的建筑，玉璧可能属于宫廷用玉。

图15 雍城遗址出土的玉璧

河南淅川乙组2号楚墓所出的两件春秋时期玉璧，器形和纹饰相同，应为一对。璧略作扁圆形，饰阴线蟠虺纹，与一般春秋玉璧的不同之处是，此璧的外缘上方和左右两侧有齿状突起装饰。这种突起的装饰可能是战国、两汉玉璧外缘所附透雕动物纹装饰的雏形。

战国时期的玉璧，在纹饰、造型和雕琢技法上都有进一步的发展。纹饰比以前更多样化了，除蟠虺纹、卷云纹、勾连云纹外，还有谷纹、涡纹、蒲纹、圆圈纹等。湖北江陵雨台山楚墓出土19件玉璧，除14件为素面外，其余都有纹饰，纹样有圆圈纹、涡纹、卷云纹和谷纹。河南信阳长台关1号墓所出的玉璧，纹饰有涡纹、谷纹。湖南长沙浏城桥1号墓和河北平山七汲村中山国 1 号墓都出土雕饰勾连云纹的玉璧。山东曲阜鲁国故城乙组 52 号墓所出玉璧中，有的表面阴刻蒲格，每格内雕琢隐起的涡纹。湖北江陵望山 2 号墓所出玉璧，两面雕琢菱形格，格内雕隐起的谷纹。这两种纹饰都是在蒲纹的基础上加刻涡纹或谷纹，可以算作蒲纹和涡纹、谷纹结合的艺术形式。

战国时期，除了雕琢单一纹样的玉璧外，还有内外两区不同花纹带的玉璧，以及内、中、外三区花纹带的玉璧。曲阜鲁国故城战国墓出土多件这种玉璧，其中 52 号墓出土 4 件有三区纹饰的玉璧、2 件有两区纹饰的玉璧；58 号墓出土 3 件有两区纹饰的玉璧。具有两区纹饰的玉璧，一般外区为 4 组双身合首龙纹，画面对称；内区为谷纹；两区纹饰之间以绚纹、竹节纹或素栏相隔。58 号墓所出的一件，外区饰 4 组合首双身夔龙和 4 对鸟首蛇身怪兽相互缠绕，纹饰线条流畅。52 号墓出土的一件，外区 4 组双身合首龙纹之间有隔栏。具有三区纹饰的玉璧，内区和外区都为双身合首龙纹，内区纹饰 3 组，外区纹饰 5 组，组与组之间有的有隔栏；中区饰谷纹。三区纹饰之间以绚纹相隔，其中一件内区 3 组龙纹之间有隔栏，外区 5 组龙纹之间无隔栏（见图 16）。

在玉璧的造型和雕琢技法方面，战国时期也有新的突破，出现了一种在外缘附有透雕纹饰的玉璧，有的除外缘以外，在内孔（"好"）中也有透雕纹饰。随州曾侯乙墓所出的一件双龙玉璧，在璧的两侧有两条对称的透雕玉龙，龙身弯曲成"S"形，龙首向外，龙

图 16　鲁故城 52 号墓所出玉璧

尾内卷。该墓还出土 3 件双龙石璧，器形略有差异。
平山七汲村中山国 1 号墓所出的一件双凤玉璧，璧饰
疏朗的谷纹，璧的两侧各有一透雕的凤鸟，左右对称；
凤身弯曲，凤首朝外，凤冠修长，细部以阴线刻饰，
玉质温润，透明度较强，雕琢工艺精湛。该墓还出土
一件器形较特殊的双龙玉璧。璧作椭圆形，亦饰谷纹，
两侧雕琢对称的蟠龙，形状极为少见。鲁国故城乙组
58 号墓出土一件双凤玉璧，璧身雕琢谷纹，上方有突
起，中有小孔。璧的下方两侧各有一透雕的凤鸟，凤
尖喙高冠，身躯卷曲，形象生动。这件玉璧应是组玉
佩的组成部分，上方的小孔，用于穿系佩挂。河南淮

阳平粮台 16 号楚墓出土一件双鸟双兽玉璧，璧饰谷纹，在璧的上方两侧雕出一对相向的立鸟，鸟的冠、喙、羽尾都清晰可见；璧的下方两侧雕出相背的双兽，双兽卧伏，尾部相连，形成璧的底座。这是一件造型独特的玉雕工艺品。

　　外缘和内孔都有透雕纹饰的玉璧发现较少。洛阳孟津出土的一件五龙玉璧，璧的纹饰分为内外两区，外区为卷云纹，内区饰蟠螭纹。璧的外缘透雕 4 龙，两两对称，内孔透雕 1 龙，盘曲于孔内，造型新颖，纹饰优美生动，是不可多得的玉雕珍品。故宫博物院收藏的一件龙凤玉璧，璧饰勾连云纹，璧的两侧为透雕的两凤，凤身修长，长冠尖喙，尾翎下垂而内卷，内孔透雕 1 龙，龙身盘曲，首尾相接。雕琢精细，碾磨光洁，龙凤栩栩如生。相传出自洛阳金村战国墓的一件谷纹璧，璧的外缘有透雕的 2 龙，璧的内孔也有透雕纹饰，似为 1 凤，龙凤的形象都相当生动。

　　上述外缘、内孔有透雕附饰的玉璧，是战国时期新出现的器形，透雕附饰都是动物形纹样，主要是中国传统的神话动物——龙和凤的形象。这种玉璧集阴刻、浮雕、透雕等技法于一体，雕琢之精美，远远超过一般的玉璧。战国时期的玉璧不仅造型多样化，制作的工艺水平较前有明显提高，而且出土的数量也较多，如安徽长丰杨公 2 号墓所出玉璧多达 36 件。战国时期玉璧的高度发达，为以后汉代玉璧的进一步发展打下了良好的基础。

五　中国玉器文化的
新旧交替时期
（公元前 3 世纪至公元 6 世纪）

　　战国时期的秦国有重视玉器的传统。秦昭王（嬴则）得知赵国有和氏璧，就派人给赵文王（赵何）送去书信，表示愿意用 15 个城换取和氏璧。赵国派使者蔺相如带璧去换城，蔺相如识破秦的骗局，机智而勇敢地把玉璧送回了赵国。这就是"完璧归赵"典故的由来。这个历史故事一方面说明秦王以强凌弱，另一方面也说明秦国统治者对玉器的爱好。秦以前，古人用金、玉为印章，没有什么限制。到了秦代，就规定只有皇帝的印章才能用玉琢成，叫做玉玺，别人都不能用。这说明秦的统治者把玉看得比金更为珍贵，唯有皇帝才能使用玉玺。相传秦始皇（嬴政）的玉玺是用白玉琢成的。公元前 206 年，刘邦进军到咸阳城附近，秦王子婴（始皇之孙）投降刘邦，并献上始皇的玉玺，以后汉代皇帝代代相传，称为"传国玺"。

　　秦始皇在统一六国之前，就收藏了昆山玉、和氏璧等宝物。公元前 221 年，秦始皇统一全国，建立了中国历史上第一个中央集权的封建国家。当时的首都咸阳城（今陕西省西安市西北）收藏了大量的财宝。秦朝末年，起义军领袖刘邦（汉高祖）攻入咸阳城时，看到秦宫殿府库中的金玉珍宝不计其数，最引人注目的是一件青玉琢成的"五枝灯"，灯高七尺五寸，作出5条蟠螭（盘曲的无角龙）以口衔灯，设计十分精巧。公元前206年，项羽和刘邦宴于鸿门，即历史上有名的"鸿门宴"，宴席未散，刘邦借故离席，托张良送给项羽"白璧一双"，送给范增"玉斗一双"。张良所送的玉璧和玉斗，应属秦代玉器，也可能就是刘邦攻入咸阳后从秦朝廷府库中取走的。

在秦代，玉器属于"器饰宝藏"之物，多为皇室贵族所占有。秦末战乱，豪杰纷起，朝廷的财富，包括玉器在内，先是落入起义的豪杰之手，以后有的又转入富豪之家。我们所能看到的秦代玉器数量不多，工艺水平较高的作品更是寥寥无几；无论在数量或质量上，秦玉都远不如汉玉。究其原因，一是秦统一六国以前，地处当时中国西部文化比较落后的地区。从陕西出土的战国时期秦式玉器可以看出，其制作工艺水平不如关东诸国，尤其不如齐鲁及中原地区，说明秦国在玉器雕琢方面缺乏优良的工艺传统，玉器制造业并不发达。二是秦代国祚短促，从秦始皇统一全国到子婴投降刘邦，前后仅15年。在这短暂的时间内，玉器手工业很难得到充分的发展，也就未能形成新的艺术风格。三是现有的秦代玉器，主要出土于中小型秦墓和一些秦代窖藏中，秦始皇陵及皇室贵族的墓葬尚未发掘或发现，所以目前所见的秦代玉器，除秦阿房宫遗址所出的青玉高足杯等个别器物外，其他多数都不是宫廷用玉，不能代表秦玉的最高水平。对秦玉作全面的、深入的评价，还有待于今后的考古发现和研究。

刘邦建立的汉朝（西汉），继承了秦代的政治制度，经过六七十年的休养生息，经济有了很大的发展。据《史记》和《汉书》记载，当时首都长安城中，储藏的钱币多到无法计算，粮食大量堆积，仓库存满了，只好露天堆放，以至于腐败不可食。社会财富的大量积累，给玉器制造业的迅速发展提供了良好的物质基础；社会经济的繁荣、皇室和王公贵族的生活日趋奢侈，也促进了玉器制造业的兴旺发达。除都城长安外，较大的诸侯王国也有制作玉器的手工业作坊。

汉代玉器的繁荣发达，还有一个重要的原因，就是玉料的来源问题得到了较好的解决。出产在新疆和阗（今和田）一带的美玉，是中国古代制作玉器的最好材料。和田玉的大量使用，是玉器发达的重要标志。《史记》和《汉书》载，公元前2世纪，汉武帝（刘彻）派张骞通西域，从此质地优良的新疆和阗玉源源不断地输入内地。和阗玉的大量输入，促进了汉代玉器制造业的进一步发展。河北满城西汉中山靖王刘胜夫妇墓出土的玉器，经过鉴定，其中一部分的矿物化学成分和物理性质都与和阗玉完全相同，可能就是用来自新疆和田的玉料雕琢而成的。当时，陕西蓝田可能也是玉料的重要产地之一。《汉书》记载，汉成帝

（刘骜）赵皇后的妹妹赵昭仪居住的宫殿中，以白玉为台阶，壁柱用黄金和蓝田玉璧加以装饰。汉代的文学作品中，也常有关于蓝田玉的描写，如班固《西都赋》有"蓝田美玉"句，张衡《西京赋》有"蓝田珍玉"句，可见蓝田玉在汉代已被称为"美玉"或"珍玉"，并且为皇室贵族所珍爱。

西汉中期，随着经济的发展和中央集权的加强，在意识形态方面也发生了明显的变化。从崇尚黄老刑名之学，改变为罢黜百家、独尊儒术，儒家"贵玉"的思想得到了继承和发扬。儒家还提倡孝道，从而盛行厚葬的习俗，大量精美的玉器便被作为随葬品而埋入皇室贵族的陵墓中。汉代皇帝的陵墓至今尚未发掘，而诸侯王、列侯等高级贵族的墓葬已经发掘了不少。珍贵精美的汉代玉器，主要发现于各地诸侯王及其亲属的墓中，中山靖王刘胜夫妇墓所出的"金缕玉衣"、雕琢精良的玉璧、玉剑饰等，广州西汉南越王赵眜墓出土的244件（套）礼仪用玉、丧葬用玉、装饰用玉和日常生活用玉等，特别引人注目。徐州狮子山楚王陵虽经盗掘，仍出土了200多件玉器，多数玉质精良，雕琢工艺精湛，在已发掘的汉墓中是少见的。

从考古发掘出土的汉代玉器考察，西汉早期的玉器主要是继承战国以来的传统，例如狮子山楚王陵玉器。南越王赵眜墓虽然埋葬于汉武帝前期，但墓中所出的玉器，不少在造型和纹饰上具有战国玉器的风格，其中有些可能就是战国时期遗留下来的旧玉。西汉中期以后，情况有所变化，新的器类和器形陆续出现，在玉器制作工艺上逐渐形成了新的艺术风格。在玉器的种类方面，有些先秦时期的玉器逐渐消失了，但同时出现了一些新的器类。在玉器的雕琢工艺方面，圆雕、透雕、高浮雕的玉器较前增多；出现了一些镶嵌玉饰的铜器，这些铜器多数鎏金，金玉辉映，光彩夺目，具有很好的装饰效果。在玉器的造型和纹饰方面，由以抽象主义为主逐渐转向以写实主义为主，一些象生类玉器具有较强的现实感和生命力，使形神巧妙地结合在一起，艺术水平大大超过了先秦的玉器。汉代是中国玉器发展史上的第四个高峰期，又是承前启后的新旧交替时期。以礼仪用玉和丧葬用玉为主体的中国古典玉器，到汉代基本结束了，此后逐渐转变为以装饰玉器和鉴赏玉器为主体，中国玉器又进入一个新的时代。

 礼仪用玉的演变

秦代的礼仪用玉中已不见琮，除了圭、璋、璧、璜外，还有玉觿（音 xī）。觿是古代用于解结的用具，以后演变为佩饰。秦代的玉觿往往与圭、璧等共出，可能也属用于祭祀的礼玉。1971 年陕西西安北郊发现的秦代窖藏中，埋藏有圭、璋、璧、璜、觿及玉人、玉虎等玉器。其中圭、璋、璧、觿都是没有纹饰的素面玉器；三件玉璜中，一件雕饰兽头，两件也是素面的。玉人有男女之分，只刻出男女头部的形象，男玉人的发型与临潼秦俑的发型相类似。玉虎是用阴线勾勒出老虎的头部和四肢，是否就是《周礼》所谓"六器"之一的"琥"，值得研究。从所出玉器的种类以及多数玉器未刻纹饰考虑，这个窖藏可能和祭祀活动有关。1975年山东烟台芝罘岛阳主庙遗址曾经出土两组玉器，每组玉器的种类和数量完全相同，都是圭、璧各一件，玉觽两件。两组玉器的大小略有不同，其中圭和觽也都没有纹饰，璧的纹饰为谷纹上加刻涡纹，并有涂抹朱砂的痕迹，显然是用于祭祀的玉器。《史记》记载，秦始皇曾东游海上，祭祀名山大川及"八神"，"八神"中第五个神是"阳主"，在山东芝罘。所以这两组玉器可能就是秦始皇登芝罘山祭祀"阳主"神时埋藏的。

汉代的礼仪用玉有了进一步的演变。先秦时期的璧、琮、圭、璋、琥、璜六种主要礼仪用玉，只有圭和璧继续用于礼仪，其余四种，有的已不再制作，有的社会功能已经改变，不再是礼仪用玉了。

据《史记》、《汉书》等汉代文献记载，西汉时期皇帝祭祀上帝、宗庙用玉圭，祭天神太（泰）一用玉璧，祭黄河、汉水等大川及诸祠用玉璧、玉圭。黄河决口时，投进白马、玉璧以祭水神。汉宣帝（刘询）时，为随侯珠、宝剑、玉宝璧、周康宝鼎四件宝物立四祠于未央宫中，将玉璧作为神明奉祀。《后汉书》记载，东汉皇帝祭祀天地时，亲执玉圭、玉璧；皇帝纳聘皇后，用谷纹玉璧；诸侯王、列侯元旦朝贺时，也手执玉璧，并且规定诸侯王所执的璧是由少府（九卿之一，掌管宫中衣服、宝货、珍膳等）发给的。《后汉书·朱晖传》记载了这样一个故事：汉章帝（刘炟）建初七年（公元82年），东平王刘苍正月入贺，时任少府卿的阴就恃贵而骄，少府主簿（少府属官）竟敢不发玉璧给刘苍，刘苍十分焦急，于是他的部属朱晖便机智地从少府主簿手中骗取玉璧交给了刘苍。

在考古工作中，也曾发现用于祭祀的玉璧和玉圭。位于陕西华阴的华山出土了9件西汉时期的玉璧。《汉书·地理志》记载，汉武帝曾在华山脚下兴建集灵宫，这些玉璧可能是集灵宫举行奠基仪式时埋藏在地下的祭玉。陕西咸阳北原西汉昭帝（刘弗陵）陵和上官皇后陵之间有一条连接的道路，在路的两旁发现了汉代的玉器窖藏，出土了东西向排列的成组玉器，每组玉器的中间为一玉璧，璧的周围均匀地环绕着7个或8个玉圭，圭首都朝向玉璧。这些成组埋藏、排列有序的璧和圭，应该和汉代帝陵的祭祀仪式有关。这些璧和圭的体积都很小，应是专为祭祀而制作的明器。

玉璧在汉代诸侯王及其亲属的墓中出土很多。广州南越王赵眜墓出土71件，满城中山王刘胜和王后窦绾墓出土69件（包括镶嵌在窦绾漆棺外壁的26件），山东巨野昌邑王刘髆墓出土28件，等等。西汉的玉璧是从战国玉璧发展来的，战国时期各种纹饰的玉璧，西汉几乎都承袭下来，因而西汉早期的玉璧和战国玉璧有时不容易区别。西汉中期以后，玉璧在造型风格上有了新的变化和发展，雕琢的工艺水平也超过战国时期，进入中国玉璧发展史上的鼎盛时期。

汉代玉璧的纹饰，除了传统的蒲纹（见图17）、谷纹或涡纹外，流行着具有内外两区的纹饰，一般内区为蒲纹或涡纹，外区为龙纹或凤鸟纹（见图18）。

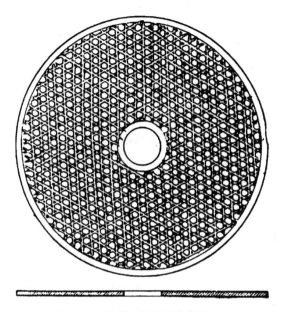

图 17　满城 2 号墓所出蒲纹璧

图 18　满城 2 号墓所出蒲纹凤纹璧

87

但也有个别例外，如南越王墓所出的一件，内区为蒲纹，外区却为勾连涡纹；5件有内、中、外三区纹饰的玉璧，外区为合首双身龙纹，中区为蒲格涡纹，内区为合首双身龙纹或凤鸟纹。这种有三区纹饰的玉璧，和曲阜鲁城战国墓中所出的同种玉璧，在纹饰风格上基本相同，所不同者只是鲁城玉璧的内外区都饰合首双身的龙纹图案。看来这种玉璧只流行于战国至西汉前期。

汉代玉璧的社会功能比以前多样化了，除作为礼仪用玉和丧葬用玉外，还用于装饰或佩带等。用于装饰或佩带的玉璧多有透雕附饰。

汉代的玉圭主要用于祭祀等礼仪活动，其用途不如玉璧宽广，所以墓葬中出土不多，而且在西汉中期以后便逐渐消失。中山王刘胜墓出土3件玉圭，其中2件为大型玉圭，1件为小型玉圭，均为素面，大型玉圭在下部有一小孔（见图19）。

在汉代，玉琮和玉璋可能已不再制造，汉墓中偶然

图19 满城1号墓所出玉圭

88

发现的玉琮，也是以前遗留下来的旧玉，不是当时的礼仪用玉。例如中山王刘胜墓就出土一件被改造了的小玉琮，这件玉琮的方角已被磨圆，并加上一个盖子，用做男性生殖器的罩盒，成为葬玉"九窍塞"的组成部分。江苏涟水西汉墓所出的一件玉琮，琮的上面加了鎏金的银盖，琮的下面有鎏金的银底座，银座下的四足做成展翅银鹰的形象，显然已成为一件精美华丽的工艺品（见图 20）。由此可见，玉琮在汉代已不是神圣的礼仪用玉，而是可以任意将它改制成为具有其他性质和用途的一般玉器了。

在汉代，璜和琥都已不是礼仪用玉。玉璜在汉墓中还发现不少，但多作为佩带的玉饰，即佩玉的组成部分，已成为人身佩带的装饰品了。

此外，少数西汉时期的墓葬中还出土玉制的武器。例如河南永城僖山梁王墓出土玉戈、玉钺各一件，玉戈饰勾连云纹，玉钺的銎部饰卷云纹；狮子山楚王墓出土的玉戈，戈的援部和胡部饰勾连云纹，戈内一面饰龙纹，一面饰凤纹，援、胡之间还有透雕的螭虎纹附饰，纹饰优美，造型别致，是汉代玉戈中的上乘之作；山东

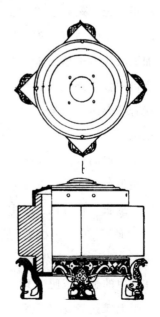

图 20　涟水汉墓所出玉琮

89

曲阜九龙山鲁王墓出土的玉戈,一面刻有纹饰,前部
减地浮雕龙纹,中部雕琢突起的涡纹,后部饰阴线花
纹及浮雕夔龙纹。这些刻有装饰花纹的玉戈和玉钺,
显然不是实用的武器,可能是作为仪仗用的,也应属
于礼仪用玉。

 丧葬用玉的进一步发展

以玉随葬的习俗,在我国有着悠久的历史,原始
社会后期就出现了"玉殓葬"。东周以来,儒家提倡
"君子贵玉"、"君子无故,玉不去身"。汉代人继承并
发展了先秦儒家"贵玉"的思想,皇室贵族不仅生前
玉不离身,死后也以大量的玉器随葬。同时儒家提倡
孝道,主张"事死如生",因而厚葬的风气十分盛行。
加上汉代人迷信玉能保护尸体长期不朽,甚至认为死
者口中含玉能使尸体千年不朽。因此,丧葬用玉在汉
代有了突出的发展,葬玉在汉代玉器中占有很重要的
地位。

汉代的葬玉主要有玉衣、玉九窍塞、玉琀、玉握
和缀玉面幕等。

玉衣　在古代文献中,玉衣又称"玉匣"、"玉柙
(音 xiá)"或"玉椑",是汉代皇帝和高级贵族死时穿
用的殓服。《西京杂记》记载,汉代的皇帝死后都穿形
如铠甲的金缕玉匣(即"金缕玉衣"),汉武帝的金缕
玉匣上雕镂蛟龙鸾凤龟麟的形象,称为"蛟龙玉匣"
(汉武帝的陵墓尚未进行考古发掘)。《汉书》、《后汉

书》等历史文献也有关于玉衣或玉匣的记载。但是，玉衣的形状究竟如何，从汉代以后便不为一般人所知道，长期以来成为一个不解之谜。直到 1968 年在河北满城中山王刘胜和王后窦绾的墓中发现了两套完整的金缕玉衣后，人们才第一次看到了玉衣的真面目，解开了长期存在的"玉匣"（即玉衣）之谜。

刘胜和窦绾的"金缕玉衣"，外观和人体形状一样，可以分为头部、上衣、裤筒、手套和鞋五大部分。头部由脸盖和头罩构成，上衣由前片、后片和左右两袖筒组成，裤筒、手套和鞋都是左右分开的（见图21）。玉衣的各部分都由许多玉片组成，玉片之间用金丝加以编缀，所以称为"金缕玉衣"。刘胜的玉衣形体肥大，脸盖上刻出眼、鼻和嘴的形象，上衣的前片制成鼓起的腹部，后片的下部作出人体臀部的形状，裤筒制成腿部的样子，形象都颇为逼真。玉衣全长 1.88 米，由 2498 片玉片组成，编缀玉片的金丝估计共重 1100 克左右。窦绾的玉衣比较短小，上衣的前、后片不是按人体形状制出，而是做成一般衣服的样子，玉

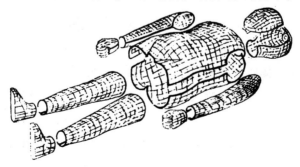

图 21　满城 1 号墓玉衣的结构

片之间以织物、丝带粘贴编联而成；玉衣的其他部分则和刘胜玉衣一样，都用金丝编缀。窦绾的玉衣没有做出人体胸、腹和臀部的形状，可能是由于作出女性人体形象不符合封建传统观念的缘故。

玉衣是两汉时期特有的葬玉。它可能是从东周时死者脸部覆盖的"缀玉面幕"和身上穿用的"缀玉衣服"发展而来的。从"缀玉面幕"和"缀玉衣服"发展到形制完备的玉衣，有一个逐步完善的过程。山东临沂刘疵墓出土的所谓"玉衣"，只有玉面罩、玉帽、左右手套和左右鞋六个部分，没有上衣和裤筒。该墓的时代属西汉前期，墓中所出"玉衣"可能是发展过程中的过渡形态，是早期玉衣的一种形式。

从玉衣的形制观察，它的制作方法显然受到战国以来铁质甲胄的影响，玉片的编缀方法和西汉初期以前流行的札甲十分接近。河北易县燕下都44号墓出土的一件战国铁胄，其形状和玉衣的头部很相似，编缀的方法彼此也有类似之处。铁制的甲胄，是战国时期新出现的防护装备。汉代皇帝和高级贵族死后以状如铠甲的玉衣作为殓服，大概也是想借玉衣以保护尸体，企图使尸骨长期不朽。《后汉书·刘盆子传》记载，赤眉军发掘西汉诸陵，"有玉匣殓者率皆如生"。这一记载，也反映出当时人们认为玉衣能保护尸体不朽的迷信思想。

从汉代的社会经济发展情况考虑，玉衣的出现不大可能在西汉初年。汉高祖时，由于战乱后经济贫困，皇帝的马车都挑选不到4匹颜色相同的马，而将相有的只能乘牛车，惠帝（刘盈）、吕后（吕雉）时，虽然"衣食滋殖"，但经济尚未完全恢复。只有经过"文景之治"以后，到武帝时社会经济才有明显的发展，统治阶级的生活也日渐穷奢极欲。据此，汉代以玉衣作为殓服应该是从武帝时盛行的，至于玉衣的出现可能是在文景时期。

关于使用玉衣的制度，根据《后汉书·礼仪志》记载，皇帝死后使用金缕玉衣，诸侯王、列侯始封、贵人、公主使用银缕玉衣，大贵人、长公主使用铜缕玉衣。这种分级使用金缕、银缕或铜缕玉衣的制度，看来在西汉时期尚未确立。《汉书》中只见玉衣、玉柙，未见关于金缕、银缕、铜缕之分的记载。从考古资料看，西汉时期用于缝缀玉衣的主要是金缕，诸侯王、列侯多数也用金缕玉衣，当然也有使用银缕或铜缕的，此外还有个别用丝缕的，如南越王赵眜的玉衣就是用丝缕编缀而成的。这或许是由于南越国是地方割据政权，和中原诸侯王国在性质上有所区别的缘故。可见，西汉时期尚未形成严格地分级使用玉衣的制度。但到东汉时期，玉衣分级使用的制度便已确立，正如《后汉书·礼仪志》所说的，分为金、银、铜缕三个等级。考古发掘资料也证明，东汉诸侯王和始封列侯使用银缕玉衣（中山简王刘焉用鎏金铜缕玉衣可能是皇帝特赐的），嗣位的列侯及其相当等级使用铜缕玉衣。考古资料与《后汉书》的记载完全符合。

玉衣是汉代皇帝以及诸侯王、列侯、贵人、公主等皇室成员专用的殓服。非皇族的外戚、宠臣，即使已被封为列侯，也只有在朝廷特赐的情况下才能使用玉衣，这在当时属于特殊的礼遇。其他"郡县豪家"如违法使用玉衣，就是大逆不道，是要受到严厉惩罚的。东汉桓帝（刘志）时，宦官赵忠的父亲归葬安平郡，私自使用玉衣入葬，结果被地方官剖棺陈尸，并收捕其家属。

玉衣的制作表现了当时琢玉的高度工艺技术水平。每套玉衣由2000多片玉片组成，每一玉片的大小和形状都必须经过严密的设计和精心的加工。根据汉代的生产力水平，制作一套玉衣是十分不易的：首先要经过造型设计，推测是用人体模型设计的，先在人体模型上画出纵横的行格，根据人体部位的不同，决定玉片的大小和形状，然后逐格编号制造玉片；其次是玉片的加工，必须经过选料、锯片、钻孔、抛光等几道工序；再次是编缀玉片还需要特制的金丝、银丝或铜丝。可见，当时制成一套玉衣所花费的人力和物力是十分惊人的。

汉代皇帝和高级贵族殓以玉衣的制度，一直延续到东汉末年。曹魏黄初三年（222年），魏文帝（曹丕）下令禁止使用玉衣，一方面是害怕殓以金缕玉衣而导致陵墓被人盗掘；一方面可能是长年战乱，社会生产力受到严重破坏，制作玉衣成为难以承受的经济负担。葬以玉衣的制度从此被废，同时在考古发掘中也未发现东汉以后的玉衣。

玉九窍塞 古人认为，"金玉在九窍，则死人为之不朽"。所谓"九窍"，指双眼、双耳、双鼻孔、口、

肛门、阴茎或阴户，用于填塞或盖住九窍的玉器称为
"玉九窍塞"。汉代的玉九窍塞包括眼盖、耳瑱、鼻塞
各2件，口塞、肛门塞、生殖器罩或阴户盖各1件。
完备的玉九窍塞往往出于使用玉衣作为殓服的陵墓中，
应属汉代高级贵族丧葬习俗的用玉。中山王刘胜的玉
九窍塞，眼盖作圆角长方形，周边有3个小孔，近中
部有1小孔；耳瑱略作八角锥台形；鼻塞为圆锥体形；
口塞的主体略呈新月形，外侧有覆斗形凸起，内侧有
三角形凸起；肛门塞作锥台形；生殖器罩盒为圆筒形，
是用玉琮改制的，上端加盖封闭。玉九窍塞的器形一
般比较简单，表面只经抛光，而不刻纹饰。

玉琀 死者含在口中的玉制品。在原始社会后期
就有在死者口中放置玉器的习俗，《周礼》中已将含玉
作为丧葬制度规定下来。西汉早期的玉琀没有一定的
造型，中期以后流行蝉形。以玉蝉作为含玉起源很早，
在商周墓葬中死者就有口含玉蝉的。汉代的蝉形玉琀，
开始出现时造型简朴，有的只略具蝉的外形，没有刻
出细部。西汉晚期以后的玉蝉，形象比较逼真。蝉体
宽扁，双目突出，用阴线刻出头部、双翅和腹部。蝉
的造型在中国玉器中出现很早，史前时期的遗址中就
有玉蝉出土。汉代为什么流行以玉蝉作为口琀呢？有
的学者认为，是汉代人看到蝉生活史中的循环，其幼
虫在地下生活许多年后才钻出地面，蜕变为成虫，玉
琀雕琢成蝉形，象征死者灵魂的蜕变和复活。

当然，墓中出土的玉蝉未必都用作口琀。作为口
琀的玉蝉，一般没有穿孔，有孔的玉蝉可能是佩挂用

95

的。中山王后窦绾墓中所出的一件小玉蝉,从口部至尾部竖穿一孔,出土在死者的胸部,应是墓主生前所佩串饰中的佩玉。当然,作为佩饰的玉蝉,有时也可能被改用为口琀。

玉握 或称握玉,指死者手中所握的玉器。西汉时期的握玉有几种不同的形状。一种是璜形玉器,如中山王刘胜和王后窦绾的握玉,是分别用夔龙蒲纹璧和凤鸟蒲纹璧改制而成的璜形玉器。在汉代,夔龙和凤鸟可能分别代表男性和女性。另一种是玉觽,如南越王赵眜的握玉,是两件器形略有不同的龙形玉觽。然而最常见的汉代握玉还是玉猪。以玉猪作为握玉的习俗,流行于西汉中期以后,直至南北朝时期。山东巨野红土山西汉墓所出的玉猪,作长条形卧伏状,表面琢磨光滑,细部以阴线刻出,线条简练,形象逼真。东汉的玉猪也作卧伏状,用阴线简单刻画细部,一般头部、尾部有穿孔,以便穿线系缚在死者手中。安徽亳县董园村 1 号墓出土 4 件玉猪,其中 1 件作站立状,较为特殊。

缀玉面幕 覆盖在死者脸部的织物,古代称为"幎目"。在西周时期的墓葬中就曾出土钉缀在面幕上的玉饰,这些玉饰做成像人的眉、目、耳、鼻、嘴或牙齿的形状。江苏徐州子房山西汉早期墓所出的玉面饰,也是按照脸部五官的形象雕琢的,由 22 块玉片组成,玉片上有小孔,原来也应是钉缀在织物上,用于覆盖死者的脸部。这种缀玉的面幕在西汉中期以后趋于消失。使用缀玉面幕是先秦时期丧葬制度的遗风。

山东长清双乳山济北王墓出土一具玉覆面，由 18 块玉
部件组合成整个脸部的形状，五官端正，形象逼真。
这种玉覆面前所未见，应是从缀玉面幕演变来的。

　　在葬以玉衣的汉代诸侯王及其亲属的墓中，死者
的胸、背往往铺垫许多玉璧。中山王刘胜的前胸和后
背共铺垫玉璧 18 块，王后窦绾的前胸和后背共放置玉
璧 15 块，南越王赵眜玉衣的上面、里面和底下共铺垫
玉璧 19 块。《周礼》载："疏璧琮以敛尸。"汉儒郑玄
注："璧在背，琮在腹。"汉墓中死者胸背铺垫玉璧，
应是先秦的遗制，这些玉璧和丧葬有着密切的关系。
还有窦绾墓中的漆棺，内壁镶满玉版，外壁镶嵌 26 块
玉璧。漆棺内、外壁都镶玉，说明玉在汉代丧葬制度
中占有重要的地位。

 ## 组玉佩的简化与镂形玉佩的流行

　　汉代继承东周时期的佩玉传统，墓中也有组玉佩
出土。西汉前期的组玉佩，佩玉的品种较多，有些佩
玉的造型和纹饰还保留战国时期的风格。属于西汉前
期的南越王赵眜墓，共出土组玉佩 11 套，在汉墓中是
首屈一指的。墓主南越王佩挂的组玉佩由 32 件多种质
料的装饰品组成，其中以玉饰品为主，计有双凤涡纹
璧、透雕龙凤涡纹璧、犀形璜、双龙首蒲纹璜、玉套
环、壶形玉佩、兽首形玉饰各 1 件，玉人 4 件，玉珠 5
颗以及金珠、玻璃珠、煤精珠等（见图 22）。这套组
玉佩是目前所见汉代玉佩中最为华丽、组合最为复杂

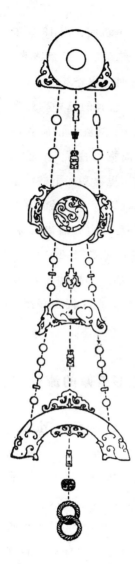

**图 22 南越王赵眜的
组玉佩**

的一套。南越王的 4 位夫人中地位最高的右夫人的二套组玉佩，一套由连体双龙佩、玉环、三凤涡纹璧、玉璜以及金珠、玻璃珠组成；另一套由透雕三龙纹环、透雕龙螭纹环、玉舞人、玉璜、玉管组成。属于殉葬人的三套组玉佩，玉质和雕琢工艺都较差，佩玉的数量一般也不多。可见在西汉前期，南越国从统治者到地位低下的仆婢都佩带组玉佩，但由于地位的高低和身份的不同，组玉佩中佩玉的数量、玉质的优劣、雕琢工艺的精粗等有明显的差别。同时，右夫人组玉佩中的玉舞人腰带下雕出佩饰，由一环和一璜组成，环在上，璜在下，璜下饰有流苏。舞人的身份属舞伎或妾婢之类，这种由环和璜组成的简单佩饰，可能是当时地位不高的年轻女性的组玉佩的真实写照。

南越国是中原地区南部边陲的地方割据政权，和中原地区长期隔绝，在丧葬制度上保留了一些先秦的习俗。南越王墓所出组玉佩中的一些玉器，如墓主组玉佩中的犀形璜、双龙首蒲纹璜和右夫人组玉佩中的连体双龙佩等，与洛阳金村东周墓所出的同类玉器颇为相似，具有较明显的战国风格。墓中组玉佩的数量之多，组合形式之复杂，就是承袭战国遗风的结果。

西汉中期以后，组玉佩已不大流行，组合形式也有较大的变化。属于西汉中期的中山王刘胜墓没有发现与南越王墓类似的组玉佩，而以成串的玛瑙珠代替了成组的玉佩。中山王后窦绾的组玉佩，由玉舞人、玉蝉、瓶形玉饰、花蕊形玉饰和联珠形玉饰以及玛瑙珠、水晶珠等组成，而没有传统的璧、环、璜等玉器，显然，在佩玉的种类上与南越王墓差别较大。

汉墓多数被盗掘，很难见到完整的组玉佩。西汉中期以后的墓葬，有时也出土属于佩玉的环、璜和龙形玉佩等，但数量不多，佩玉的种类也不像南越王墓的组玉佩那样复杂，总的发展方向是趋于简化。

东汉末年长年战乱，周秦以来的佩玉制度曾一度废弛。《三国志·魏书·王粲传》载："时旧仪废弛，兴造制度，粲恒典之。"注引挚虞《决疑要注》曰："汉末丧乱，绝无玉佩。魏侍中王粲识旧佩，始复作之。今之玉佩，受法于粲也。"由此可见，魏晋以后的玉佩和以前的玉佩当有所不同。从考古发掘出土的资料看，玉珩和玉璜是魏晋南北朝时期流行的佩玉。玉珩多数作云头形，上部弧鼓，下部平直，上部正中有一小孔，下部有二或三个小孔，用于系挂佩饰。和玉珩相配的是玉璜，珩在上，璜在下。山西太原南郊北齐娄叡墓出土玉珩1件、玉璜12件，珩和璜的周缘都以黄金镶边，显得富丽美观。江西南昌京山南朝墓出土玉珩、玉璜各2件，玉珩也作云头形。北齐娄叡墓和京山南朝墓所出的玉璜，都是中部无穿孔，只在两端有小孔。这种中部无孔、两端有孔的玉璜，佩挂时应是两端朝上，类似商周时期玉璜的挂法；当然也不排除一端朝上、另一端朝下，竖立佩挂的可能性。战国以来，尤其是汉代的玉璜，一般中部都有孔，佩挂时两端朝下。南北朝的玉璜，不继承汉代玉璜的传统，反而模拟商周玉璜的形制，似为一种复古现象，或是由于王粲"复作"玉佩时系依据商周"旧佩"的缘故。

除组玉佩外，汉代流行一种由玉韘演变而来的佩玉。韘（音 shè），又名射决或扳指，是古人射箭时戴在右手拇指上用于钩弓弦的用品，往往随身佩带，《诗经》中就有"童子佩韘"的诗句。儿童长到能骑马射箭时就佩韘。玉韘在商殷时就已出现，安阳殷墟妇好墓出土的一件玉扳指，是已知最早的玉韘。该扳指可以套在成人的拇指上，正面雕出兽面纹，两侧分别以阴线刻出身、足及尾部；背面下部有一凹槽，用于纳入弓弦，显然是实用的玉韘（见图23）。春秋战国时既有玉韘，也有骨韘。洛阳中州路东周墓就出土骨韘3件、玉韘1件。骨韘和玉韘的器形完全相同，皆略作椭圆形，中有圆孔，可穿拇指，一侧有斜向的柄状突起。出于春秋墓葬的骨韘都无纹饰，出土在人骨架手部，应是戴在死者拇指上的，可能还是实用器。玉韘出于战国初期的墓中，一面饰卷云纹，另一面饰简化的兽面纹。随州曾侯乙墓和曲阜鲁国故城东周墓所出的玉韘，形制也基本相同。鲁城52号战国墓所出的玉韘，一件正面线刻兽面纹，背面饰卷云纹；另一件柄状突起演变为透雕的凤首形。看来至迟从战国时开始，实用的玉韘已逐渐演变为装饰用的佩玉。这种由玉韘演变而来的佩玉，可以称为韘形玉

**图 23　妇好墓所出玉韘
及其用法示意图**

佩。也有学者认为，春秋战国的玉韘都不是实用器或仿实用器的玉雕，而是纯粹的装饰品，因而称之为韘形玉饰。

韘形玉佩在汉墓中出土很多，可见是当时很流行的一种佩玉。韘形玉佩一般作扁片状，平面略呈椭圆形，中间有一圆孔，上端作三角形尖状，正面微鼓，背面略内凹，一侧或两侧有透雕的附饰，因其主体部分形如心脏，所以又叫鸡心佩或心形玉佩。汉代的韘形玉佩，在器形和纹饰方面有较为明显的发展和变化，不仅西汉的韘形玉佩和东汉的不一样，而且西汉前、中、后期的韘形玉佩也互有差别。

西汉前期的韘形玉佩，是从战国风格到汉代风格的过渡，所以形式较为多样，少数还具有明显的战国

鞢形佩的特征。广州西汉早期墓中出土的鞢形佩，上端一侧有柄状突起，器身趋于扁平，一面微鼓，一面略内凹。还有一种鞢形佩，柄状突起较前一种扩大，成为心形主体一侧的附饰，这显然是从上一种发展来的。如南越王墓所出的一件鞢形玉佩，只在一侧有卷曲的透雕附饰，有人认为是变形的鸟纹；另一件造型独特的鞢形佩，透雕附饰不在心形主体的一侧或两侧，而在心形主体的上部，透雕附饰似为图案化的变形凤鸟纹（见图24）。多数的鞢形佩，在心形主体的两侧都有附饰，但附饰多不对称，且大小往往相差较大，纹样主要是卷曲的云纹或变形凤鸟纹，也有个别雕成龙的形象。附饰有透雕的，也有不是透雕的。江苏徐州北洞山楚王墓所出的一件鞢形玉佩，鞢身饰勾连云纹，一侧透雕一龙，另一侧雕出一凤，造型较为奇特。

西汉中期，鞢形玉佩基本上已经定型，一般在心形主体的两侧都有透雕的附饰。中部的圆孔多数较前期略小，两侧的附饰较前期更加繁缛，虽不完全对称，但大小差不多，风格也基本相同，只有个别鞢形玉佩两侧的附饰大小相差较大。纹样主要是变形卷云纹，个别也有作鸟兽纹的。满城中山王刘胜墓出土的一件鞢形玉佩，心形主体稍长，两面均阴刻细线卷云纹，两侧有不对称的透雕流云纹附饰，纹饰优美、流畅。中山王后窦绾墓所出的一件心形主体较短，当中的圆孔较大，两侧的透雕附饰大小基本对称，纹样稍有不同，一侧为变形卷云纹，一侧似鸟兽相搏状。

西汉中期偏晚的墓葬，所出鞢形玉佩的器形有所

图24　南越王墓所出玉䚢形佩

变化，已初步具有西汉晚期䚢形佩的一些特征。如河
北定县40号中山王墓所出的一件，心形主体瘦长，呈
扁平片状，中部有一椭圆形孔，两侧及上部都有透雕
附饰，上部为凤鸟纹，两侧为变形卷云纹，其中一侧
附饰的上端延长呈尖状，类似玉觿的尖端部分，应是
䚢、觿结合的初步形式。

103

西汉中期还出土个别带有西汉前期特征的韘形玉佩。巨野红土山汉墓出土的韘形玉佩中，有一件造型简朴，心形主体一面微鼓，另一面略凹，无纹饰，两侧也没有透雕的附饰，只在一侧有翼，可能是仿古的简化形式。和这件韘形佩共出的另一件韘形玉佩，心形主体的两侧为透雕的卷云纹，具有典型的西汉中期风格。湖南长沙咸家湖曹㛷墓出土2件韘形玉佩，一件为典型的西汉中期韘形佩；另一件只在心形主体的一侧雕出凤鸟纹，突出凤首和凤尾，也应是一件简化的韘形玉佩。

西汉后期的韘形玉佩，器形有了较为明显的变化。心形主体变得更为狭长，中孔圆而小，两侧及上部的透雕附饰更为发达，一侧附饰的上端往往突出呈尖状，韘和觿的结合更为明显。江苏扬州"姜莫书"墓出土的一件韘形玉佩，韘在全器中所占比例进一步缩小，而透雕的龙纹和卷云纹附饰则得到较大程度的夸张，一侧附饰的前端突出呈尖状，以致发掘者误称为"玉觿"。河南永城僖山汉墓所出的一件韘形玉佩，也是韘和觿结合的形式，全器狭长，心形主体的形象已相对减弱，而觿的形象则进一步增强，几乎达到了韘、觿不分的地步。韘形玉佩具有部分玉觿的器形，是西汉中晚期韘形佩的主要特征之一。

在西汉后期，还出现一种韘和璧相结合的韘形玉佩。如北京大葆台1号墓出土的一件"玉璧"，当中为心形玉佩的主体部分，两侧为透雕的龙凤纹，韘和璧巧妙地结合在一起。类似的韘形玉佩，在朝鲜大同江内古坟也有发现，外缘轮廓近似圆形，心形主体的两侧有透雕附饰，但缺少璧的一圈外郭。

大约在西汉末、东汉初的时候，鞢形玉佩的器形又有新的发展变化，心形主体在全器中的地位进一步减弱，当中的圆孔变成椭圆形，透雕附饰更加发展，包围在心形主体的四周。湖南长沙五里牌（五一路）7 号汉墓出土的一件鞢形玉佩，全器略呈椭圆形，当中为心形主体，中部有一椭圆形孔。心形主体的周围都有透雕的纹饰，纹样为双螭卷云纹。这种四周都有透雕纹饰的鞢形佩，与西汉其他时期的鞢形佩有明显的不同，而和东汉鞢形玉佩的形制有着明显的渊源关系。

东汉时期的鞢形玉佩看来已不如西汉时流行，出土较少，且器形也变化较大。东汉前期的鞢形玉佩，和长沙五里牌（五一路）7 号汉墓所出的相类似，还保留了鞢的一些基本特点。湖南零陵东门外汉墓所出的一件鞢形玉佩，全器近似椭圆形，心形主体的中孔也作椭圆形，四周环绕透雕的蟠螭纹附饰。

东汉后期的鞢形玉佩，器形变化更大。鞢的主体部分虽尚有痕迹可寻，但作横置，器形略呈扇形，中孔也由椭圆形演变为圆角长方形，四周的透雕纹饰更为发达。河北定县 43 号墓出土的一件鞢形佩（发掘者称之为"扇面形玉饰"），心形主体略带弧度，中有圆角长方形大孔，四周透雕双螭、双凤及流云纹，螭、凤相互缠绕，遨游穿插于心形主体及云气间。纹饰优美生动，玲珑剔透，色彩斑斓，是东汉玉器中的佳品。陕西华阴东汉刘崎墓出土者器形与之基本相同，在心形主体的周围透雕螭虎等动物纹饰，刻工亦颇精巧。

魏晋南北朝时期，韘形玉佩已经很少，考古发掘只发现于个别墓葬中，器形接近东汉晚期的韘形佩，但心形主体的形象已不清，只剩下中部的椭圆形孔。南京郭家山东晋墓所出韘形玉佩，采用浮雕、透雕、阴线细刻等技法，雕琢出嬉戏于云间的双螭，纹饰流畅，玲珑剔透，是魏晋时期难得的玉雕艺术品。

从考古资料考察，韘形玉佩不属于组玉佩的组成部分，而是男女皆宜、单独佩戴的佩玉。它滥觞于春秋战国，盛行于西汉，东汉逐渐衰落，魏晋南北朝凋零。韘形玉佩从盛行到消失的过程中，造型和纹饰不断有所变化，总的趋势是代表韘的心形主体逐渐减弱，两侧的附饰不断增强。心形主体从西汉前期至中期肥硕丰满，中期始渐瘦长，当中的圆孔也变小，后期至东汉越来越不明显，当中的圆孔变成椭圆形或圆角长方形，到魏晋基本上消失，只存当中的椭圆形孔。心形主体的附饰，从西汉前期到中期，由上端一侧有柄状突起发展为一侧有透雕附饰，继而再发展为两侧有透雕附饰；纹样主要是卷云纹，还有少数凤鸟纹或鸟兽纹。西汉中期偏晚及后期，上部始有透雕的附饰，并曾出现韘、觿结合和韘、璧结合的器形。西汉末期直至魏晋，透雕附饰发展为环绕四周的纹饰，纹样有螭、凤、云气纹等。这种全器环绕透雕附饰的韘形玉佩，比西汉中期以前的蹀形佩雕琢更精致，纹饰更为流畅优美，是当时工艺水平较高的佩玉。

透雕动物纹玉璧的发展和演变

　　考古发掘出土的汉代玉璧，数量大，式样多，造型和纹饰都在战国玉璧的基础上向前发展了一大步。除了圆形圆孔的传统玉璧外，汉代还流行外缘有透雕附饰的玉璧。这种玉璧造型优美，纹饰流畅生动，是汉玉中的佼佼者。

　　外缘有透雕附饰的玉璧，渊源于战国时期。随州曾侯乙墓、平山战国中山国墓、曲阜鲁城战国墓、淮阳平粮台楚墓、洛阳金村战国墓和孟津战国墓等都曾出土外缘有透雕附饰的玉璧，其中少数玉璧外缘和内孔都有透雕纹饰。战国时期的这类玉璧，外缘的附饰一般是一对或两对透雕的龙纹或凤鸟纹，多数作对称的形式，主要用于装饰，体积较小者是成组玉佩的组成部分。

　　西汉前期的这类玉璧，基本上承袭战国时期的风格。广州南越王赵眜墓虽然埋葬于汉武帝时期，但墓中所出的一些玉器仍然具有明显的战国风格，有的还可能是战国时遗留下来的旧玉。该墓出土这类玉璧四件，其中两件外缘有一对透雕附饰：一件为双凤涡纹璧，在璧的下部两侧有对称的凤鸟纹附饰，凤高冠长尾，以阴线刻饰细部；一件为龙凤涡纹璧（环），璧饰勾连涡纹，内孔雕琢一龙，龙昂首曲身卷尾，两侧各透雕一凤，凤身修长，高冠长尾，细部均以阴线刻出。还有两件外缘有三组附饰：一件为三凤涡纹璧（环），璧饰勾连涡纹，两凤位于璧的下部两侧，凤首朝外，尾部上卷，左右对称，还有一凤在璧的上方，凤身细长，凤首朝上；一件透雕附饰已残损。龙凤涡纹璧（环）两侧的透雕双凤，与鲁城战国玉璧凤鸟的风格颇为相似；三凤涡纹璧（环）的凤鸟虽为三只，但仍具有左右对称的特点，保留着战国的遗风。

西汉中期的这类玉璧，其透雕附饰在造型风格上有了明显的发展变化。如满城中山王刘胜墓出土的双龙谷纹璧，在璧的上方有一组透雕的双龙卷云纹附饰，双龙昂首张口，龙身弯曲，龙尾上翘，造型生动优美，是汉代玉璧中难得的珍品（见图25）。这件玉璧的透雕附饰只有一组，以流畅的卷云纹衬托卷曲矫健的双龙，雕琢的工艺水平明显超过战国时的同类玉璧，代表了西汉时新的艺术风格。它与战国时外缘有多组单个动物纹透雕附饰的玉璧，在风格上迥然不同。

东汉的这类玉璧，基本上继承西汉的风格，一般也只有一组透雕附饰，位于璧的上方。定县北庄中山王墓所出谷纹璧，上方一组透雕附饰宽广而低平，纹饰为双螭卷云纹，双螭曲身长尾，相戏于云气间。纹饰繁缛纤细，线条流畅，虽然在气派上稍逊于刘胜墓所出的双龙谷纹璧，但仍然是一件玉雕佳品。定县43号中山王墓也出土一件同类玉璧，形制稍异，璧饰排列整齐的谷纹，内外缘都有素面宽带，上方有透雕的龙、螭衔环附饰，两侧对称部位还有透雕的一龙一螭

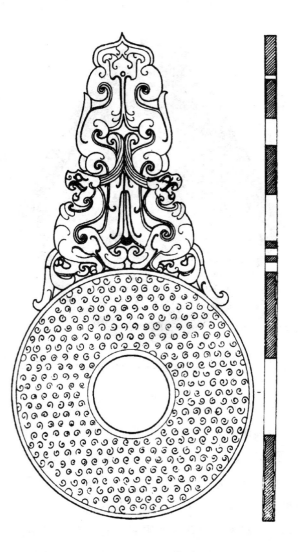

图 25　满城 1 号墓所出双龙谷纹璧

（见图 26）。这件谷纹璧的附饰虽有三组，但主要的仍是位于璧上方的一组，两侧的龙、螭附饰只起点缀作用，与战国同类玉璧的多组附饰在风格上明显不同。

图 26 定县 43 号墓所出玉璧

　　东汉的这类玉璧，有的还在透雕动物纹附饰中，
雕镂出吉祥语铭文，如"长乐"、"益寿"、"延年"、
"宜子孙"等。山东青州马家冢东汉墓所出蟠螭谷纹
璧，纹饰分为内外两区，内区为谷纹，外区饰蟠螭、
怪兽、云气纹；璧的外缘上方有一组透雕双螭卷云纹
附饰，在双螭之间有篆体铭文"宜子孙"三字。江苏
邗江甘泉老虎墩东汉墓也出土一件类似的玉璧，其铭
文也是"宜子孙"三字，但雕琢技法和铭文所在位置
却有所不同。璧的上方附饰为透雕凤鸟纹，凤鸟下有
一铭文"宜"字；璧身两边各透雕一只螭虎，两只螭
虎之间上下有篆体"子"、"孙"各一字（见图 27）。

这件玉璧通高9厘米，小巧玲珑，透雕纹饰活泼流畅，是一件精美的玉雕艺术品。

在传世的玉器中，也有一些透雕附饰有吉祥语铭文的玉璧。故宫博物院收藏的一件谷纹璧，上方附饰为透雕的双螭卷云纹，双螭之间有铭文"长乐"二字。还有一件璧上方的附饰为透雕的龙和螭，龙、螭之间有铭文

图27 甘泉老虎墩汉墓所出玉璧

"益寿"二字。台北故宫博物院收藏的一件谷纹璧，内区为谷纹，外区为透雕的螭、凤纹饰，正中上下有铭文"长"、"乐"各一字。

流散在海外的中国玉器中，也有一些外缘有透雕动物纹附饰的汉代玉璧。这些玉璧一般为谷纹，有的内区为谷纹，外区为浅浮雕的龙、螭纹。至于上方的透雕附饰，有的为双螭纹，有的为龙、螭纹，也有作螭虎卷云纹的。

从上述资料可以看出，西汉前期带有透雕动物纹附饰的玉璧，基本上保留了战国时期同类玉璧的风格。璧的外缘附饰作单个的动物形，数目为2～4个，多数为对称形式。西汉中期开始，这类玉璧在造型和纹饰方面形成了新的艺术风格，透雕附饰一般只有1组，位于璧的上方，附饰多数由成对的动物纹组成，并以卷云纹加以点缀，东汉时造型上趋于宽广而低平，纹

饰较为繁缛细致，还出现了附饰中带吉祥语铭文的玉璧。

汉代外缘有透雕附饰的玉璧，多数饰以排列整齐的谷纹，透雕的附饰造型优美，纹饰流畅生动，工艺技术水平远远超过圆形圆孔的传统玉璧，其社会功能与作为礼玉的传统玉璧也不相同，主要是用于装饰和佩带。南越王墓所出的双凤涡纹璧、龙凤涡纹璧（环）、三凤涡纹璧（环）等都是成组玉佩的构成部分，属于佩带的玉饰。汉代豪华的宫殿和帷帐，往往以玉璧作为装饰品，至十六国时期，还有以玉璧作为殿堂装饰品的习俗。至于透雕附饰有吉祥语铭文的小型玉璧，当属佩带用玉，既有装饰的作用，还可能具有厌胜辟邪的意义。

 翘袖折腰玉舞人

汉代的成组玉佩，一般不像东周玉佩那么繁杂，尤其是西汉中期以后，明显趋于简化。但在玉佩的组合形式上，却有所创新，玉舞人在佩饰中的盛行就是明显的例子。

玉舞人作为佩饰的组成部分，可能起源于战国时期。洛阳金村战国墓所出的玉舞人，有单人和双人连体两种。《韩非子·五蠹》记载："鄙谚曰：'长袖善舞，多钱善贾'。"可见善舞者穿长袖衣，在战国时期已是常见的现象。

汉代的玉舞人，多数出在诸侯王亲属的墓中，其他贵族官僚亲属的墓葬中偶尔也有发现。就目前所见资料而言，以广州南越王墓和江苏铜山小龟山汉墓所出的玉舞人为最多，各6件；其次是山东五莲张家仲崮3号墓出土5件；河南永城芒山汉墓、满城2号汉墓、徐州石桥2号汉墓、北京大葆台2号汉墓、山东五莲张家仲崮1号汉墓、莱西董家庄汉墓、江苏扬州西汉"妾莫书"墓、河南淮阳北关1号汉墓、河北定县43号汉墓等，也出土玉舞人1~3件不等。河北定县40号汉墓出玉人4件，因未发表具体资料，是否为玉舞人尚不得而知。

　　汉代玉舞人的形象，从总体上看是一致的。一般都着长袖衣，一袖高扬至头上，另一袖下垂或横于腰际，长裙曳地，细腰束带，作"翘袖折腰"之舞姿。每个玉舞人都有1~2个小孔，用于穿系佩挂，作为成组玉佩的一部分。

　　在玉舞人的形制方面，西汉中期以前，继承战国传统，仍有连体玉舞人，西汉中期以后的玉舞人一般都为单人独舞的形象。在玉舞人的制作工艺方面，绝大部分都是用扁平的玉片雕琢而成（可称为"平片式"），只是雕琢技艺有优劣粗细之分。圆雕的玉舞人为数很少。

　　平片式的玉舞人，两面雕琢相同的纹饰，无正面、背面之分。据其形状和雕琢工艺的差别，可以分为四类。

　　第一类呈长方形片状，两面用阴线刻出长袖舞人的形象。铜山小龟山汉墓和徐州石桥2号汉墓所出的玉舞人，前者用阴线刻出舞者，一袖上扬于头上，另一袖横置在腰间；后者部分透雕，以阴线刻饰细部，舞人的舞姿和前者基本相同。这类玉舞人出于西汉中期或稍晚的墓中，是汉代玉舞人中造型最为简朴的一种。

第二类基本上作长方形片状，但外形轮廓已具舞人形象，应用透雕及阴刻技法刻画细部。南越王墓出土的2件，形制基本相同，用阴线刻出五官及衣纹，一袖上扬，一袖下垂及地，作折腰起舞状。山东五莲张家仲崮1号汉墓所出的2件，形制完全相同，衣袖上窄下宽，一袖上扬，一袖斜置腰际，舞姿颇为优美。此类玉舞人从西汉中期至东汉后期均有，其雕琢的工艺水平比第一类稍高，但仍较为粗简。

第三类透雕作舞人状，两面以阴线刻饰细部。满城2号汉墓所出西汉中期的一件，一袖上扬，一袖下垂，袖口宽大，腰部束带，长裙及地，作翩跹起舞状。

第四类透雕作翘袖折腰的舞人形象，细部以阴线刻出，舞姿比第三类更为婀娜优美，是汉代玉舞人中较为典型的一种。扬州"妾莫书"墓所出的玉舞人，一袖上扬过头顶，一袖卷曲下垂，纤腰微折，长裙曳地，姿态轻盈优美。大葆台2号汉墓出土一件双袖更为修长（见图28）。淮阳北关1号汉墓所出玉舞人，头戴首饰，一袖高扬于头顶，一袖飘垂及地，细腰长裙，舞姿翩翩，是玉舞人中纹饰最为繁缛者。这类玉舞人应是从第三类发展来的，从西汉后期到东汉中晚期都有。

南越王墓所出平片式玉舞人中，有一件造型较为特殊。舞者似为男性，一袖高扬超过头顶，一袖卷曲向后甩，单脚着地，作抬腿起舞状，琢工简拙，神态颇为滑稽，发掘者认为可能是"沐猴舞"的形象。《汉书·盖宽饶传》记载，长信少府檀长卿曾作"沐猴舞"，而被视为"失礼不敬"。可见这种舞蹈在当时是不能登大雅之堂的。

图28　大葆台2号墓所出玉舞人

除上述平片玉舞人外，南越王墓还出土两件造型独特的玉舞人。其中一件为透雕玉舞人，扁平体，但有正、背面之分，属半圆雕性质。舞人头上簪花，背面以阴线刻出头发；右袖飘扬至头顶，左袖横置腰前；细腰长裙，腰间束带，腰带系组绶，佩挂环、璜各一件（见图29）。这件玉舞人是南越王右夫人组玉佩的组成部分。另一件为圆雕玉舞人。舞者头梳螺髻，身穿长袖衣，广袖轻舒，折腰屈膝而舞。左手上扬，长袖飘垂至地；右手向侧后甩袖。舞

图29　南越王墓所出玉舞人

图30　南越王墓所出
玉舞人

姿优美，服饰华丽，小口微张，似正在且歌且舞（见图30）。从其发髻等考察，这件玉舞人可能是越女歌舞的真实写照，在考古工作中尚属首次发现。

从考古资料考察，玉舞人多数出在女性墓葬中。满城2号汉墓的墓主是中山靖王王后窦绾；徐州石桥2号汉墓墓主为楚王王后；大葆台2号汉墓的墓主是广阳王王后；"姜莫书"显然是女性，可能是山阳王的亲属；定县43号汉墓是合葬墓，玉舞人可能是女墓主人的佩饰；莱西董家庄汉墓的墓主可能也是女性。更为明显的是南越王墓主棺室出土的属于南越王赵眜的组玉佩中有4件玉人，都是拱手跪坐的男性，没有一件是玉舞人；而东侧室所出的3件玉舞人中，2件分别是右夫人和（部）夫人组玉佩的组成部分，另1件虽然原位置不明，推测也是属于某夫人的佩玉。由此可见，玉舞人应是汉代贵族妇女所喜爱的佩玉之一，当然也不排除有些玉舞人可能是属于供观赏的玉雕艺术品。

玉舞人在汉代贵族妇女佩饰中的流行，是有其明显的社会历史背景的。汉代是我国历史上音乐舞蹈繁荣发达的时期，朝廷设有主管音乐的官署——乐府，皇帝的后妃有的就是歌舞能手。汉高祖的宠姬戚夫人

"善为翘袖折腰之舞，歌出塞入塞望归之曲"（《西京杂记》）；武帝宠爱的李夫人"妙丽善舞"（《汉书·外戚传上》）；成帝的赵皇后"学歌舞，号曰飞燕"（《汉书·外戚传下》），"体轻腰弱，善行步进退"（《西京杂记》），"能掌上舞"（《太平御览》卷五七四《乐部·舞》），等等。汉代文学作品中对舞姿的描写很多，如傅武《舞赋》云："罗衣从风，长袖交横……体如游龙，袖如素蜺。"崔骃《七依》载："振飞縠以舞长袖，袅细腰以务抑扬。"这些都说明，"长袖"和"细腰"是汉代舞蹈的两个重要特点。玉舞人的造型，充分表现了这两个特点，因而是汉代妇女翩翩起舞的真实写照。汉代玉舞人不仅是优美的艺术品，也是研究汉代舞蹈的重要实物资料。

瑰丽多姿的玉剑饰

汉代玉制的装饰品大致可分为两大类：一类是人身上的玉装饰品，主要是各式各样的佩玉；一类是器物上的玉饰，其中以玉剑饰最为精彩，它是汉玉的重要组成部分。

在我国，剑上安装玉饰的历史，至少可以上溯到西周晚期。河南三门峡虢国墓地 2001 号西周晚期墓出土的一把铁剑，剑柄为铜芯，外套以阴刻斜线纹的管状玉饰；剑首亦为玉质，作截锥式方台座，四角琢饰变形饕餮纹。这是所见最早以玉为饰的铁剑。东周时期，以玉饰剑的工艺有了进一步发展，陆续出现了玉

剑首、玉剑格、玉剑璏、玉剑珌四种玉饰（或玉具），
但还只是偶然地、零星地出现，很少发现在一把剑上
同时安装四种玉饰（玉具）的"玉具剑"。

　　四种玉剑饰齐备的玉具剑流行于西汉时期，《史
记》和《汉书》中对此都有记载。《汉书·匈奴传下》
记载："单于正月朝天子于甘泉宫，汉宠以殊礼，位在
诸侯王上，赞谒称臣而不名，赐以冠带衣裳，黄金玺
盭绶，玉具剑……"注引孟康曰："摽首镡卫尽用玉为
之也。"师古曰："镡，剑口旁横出者也。卫，剑鼻
也。"玉具剑四种玉饰（玉具）的名称有不同的叫法。
剑茎顶端的玉饰称为剑首；剑茎与剑身之间的玉饰称
为剑格，又称剑镡或剑珥；剑鞘上用于穿带佩挂的剑
鼻称为剑璏（音 zhì），又称剑卫；剑鞘末端的玉饰称
为剑珌或剑摽。玉剑首一般为扁平圆形，背面有圆形
凹槽，用于接插剑茎。玉剑格略作菱形，中有菱形或
长方形銎孔以纳剑身。玉剑璏平面作长方形，两端略
向内卷，背面有穿带用的长方形銎孔。玉剑摽一般呈
梯形或近似梯形，横剖面为菱形，上端有插接剑鞘的
小孔。

　　装配四种玉饰的玉具剑，在考古工作中首次发现
于河北满城中山靖王刘胜墓，山东巨野红土山汉墓和
湖北光化 5 座坟 6 号汉墓也出过。以上 3 座墓所出的
玉具剑各为 1 把。出土玉具剑最多的是广州南越王赵
眜墓。墓中共出 5 把装有玉饰的铁剑，其中 2 把是 4
种玉饰齐备的玉具剑。此外，该墓的西耳室还发现原
来存放在漆盒内的 43 件玉剑饰，其中剑首 10 件、剑

格 16 件、剑璏 9 件、剑珌 8 件。这些玉剑饰多数没有使用过的痕迹，可能是来自中原地区而准备在南越国装配玉具剑用的。上述四种玉饰齐全的玉具剑都是铁剑，而一些铜剑往往只有玉剑璏和玉剑珌，满城刘胜墓所出的两把铜剑和巨野红土山汉墓所出的一把铜剑都是如此。这说明西汉时期铁剑比铜剑更为珍贵。

汉墓中出土的玉剑饰数量很多，除极少数为素面外，绝大多数有纹饰，纹饰的题材丰富多彩。雕琢方法也多种多样，采用了阴刻、浅浮雕、高浮雕、透雕等技法。玉剑饰中有不少纹饰生动优美、雕琢技艺精湛、工艺水平很高的佳品。

玉剑首　广州南越王墓所出的玉具剑中，有一把剑四种玉剑饰都为素面，玉剑首作长方形，两面中部起脊，横断面呈菱形。雕琢纹饰的玉剑首一般为扁平圆形，但也有少数例外，如巨野红土山汉墓出土的玉具剑，剑首略作长方形，采用浮雕和透雕相结合的技法，雕琢出 5 只盘绕于云气中的螭虎。至于扁平圆形的玉剑首，其纹饰大致可分为五类。一是浮雕动物纹。南越王墓出土的一件，正面浮雕两只螭虎和一只尖嘴兽共抓一条绶带，构图活泼有趣，背面阴刻勾连云纹（见图 31）。二是内区为卷云纹，外区为螭虎纹。满城刘胜墓所出玉具剑的剑首，内区突起，阴刻卷云纹；外区浮雕两只身躯修长的螭虎。三是内区为五瓣纹，外区为螭虎纹。南越王墓出土一件，正面内区五瓣纹的中心阴刻云纹，外区为高浮雕的两只螭虎；背面饰突起的勾连涡纹。四是内区为五瓣纹，外区为勾连涡

纹。南越王墓出一件。五是内区为勾连云纹，外区为涡纹或勾连涡纹。这类纹饰在汉代玉剑首中最为常见，延续的时间也较长。南越王墓出土9件，其中一件正面的内区为勾连云纹，外区饰突起的涡纹；背面外区为勾连云纹。

图31　南越王墓所出玉剑首

玉剑格　绝大多数都刻有纹饰。纹饰题材多种多样，有减地隐起的兽面纹、云纹、勾连云纹，有浮雕的螭虎等动物纹，还有透雕的凤鸟纹等。部分剑格两面有不同题材的纹饰。南越王墓所出的玉剑格数量最多，有的两面雕琢减地隐起的勾连云纹；有的两面都饰以减地隐起的兽面卷云纹，而细部略有差异；有的一面浮雕相互嬉戏的螭虎和小兽，另一面饰以减地隐起的兽面卷云纹；还有一件玉剑格，器形和纹饰都较特殊，器体宽大，以突起的中脊为轴，中部饰兽面纹，两侧透雕对称的凤鸟纹，两凤回首相对，雕琢精致，构图优美，是汉代玉剑饰中的珍品（见图32）。

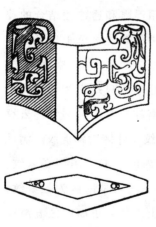

图32　南越王墓所出玉剑格

玉剑璏　纹饰题材较为

丰富，主要有谷纹、涡纹、螭虎纹、卷云纹和兽面卷
云纹等，其中卷云纹和兽面卷云纹在玉剑璏上出现的
时间较晚，流行于西汉中期以后。满城刘胜墓铜剑上
的玉璏，一件饰勾连谷纹，一件饰涡纹；玉具剑上的
玉璏饰以浮雕的螭虎纹（见图33）。巨野红土山汉墓
铜剑上的玉璏，表面浮雕两只相嬉戏的螭虎。南越王
墓玉具剑上的玉璏，饰高浮雕的群兽相戏图，画面以
螭虎为主体，点缀以类似虎、熊等动物，纹饰繁缛而
浑然一体。湖南常德东汉墓出土的玉剑璏，前端饰兽
面纹，其余部分为卷云纹。

图33　满城1号墓所出玉剑璏

玉剑珌　纹饰题材和雕琢技法与玉剑格相类似，
有减地隐起的兽面纹、卷云纹，有浮雕的螭虎纹，还
有透雕的螭虎、小熊等动物纹。南越王墓出土不少兽
面卷云纹的玉珌。满城刘胜墓所出铜剑上的玉珌，一
件两面皆饰图案化卷云纹；另一件两面饰浮雕螭虎纹，
有一面在螭虎身侧伸出一鸟头。该墓所出玉具剑上的
玉珌，饰5只高浮雕的螭虎等神兽翻腾嬉戏于云海间，

图34 满城1号墓所出
玉剑珌

造型活泼生动（见图 34）。巨野红土山汉墓出土的一件玉珌，两面纹饰的题材和雕琢技法都不相同，一面浮雕两只螭虎，另一面阴刻兽面卷云纹。徐州北洞山汉墓出土一件螭凤纹玉珌，采用阴刻、浅浮雕和透雕的技法，琢饰 6 只神态各异的螭和一只展翅欲飞的凤鸟。河南永城僖山汉墓出土的透雕纹饰玉珌，上部为兽面纹，中部为螭虎，下部作小熊咬住螭虎尾巴状，周围点缀卷云纹，纹饰流畅生动，是汉代玉剑饰中的珍品。该墓还出一件造型特殊的玉珌，珌身不作梯形，而作近似三角形刀尖状，两侧有透雕的卷云纹装饰，表面饰勾连云纹，是汉代玉剑珌中罕见的佳作。

除玉剑饰外，西汉后期还出现水晶的剑饰。河北邢台北陈村刘迁墓出土的铁剑，剑首、剑璏和剑珌都用水晶制成，剑首平面似柳叶形，剑璏形同玉璏，剑珌近似梯形，皆为素面。西汉后期还发现用于佩挂铁刀的玛瑙璏和玉璏，可见当时的玉璏既可用于佩剑，也可用于佩刀。

在剑和剑鞘上安装玉饰（玉具）的习俗萌芽于东周，盛行于西汉，东汉以后逐渐衰落。汉代的玉剑饰数量多，造型和纹饰也丰富多彩，有不少玉剑饰雕琢的工艺水平很高，不只是一般的装饰品，而且是具有较高观赏价值的玉雕艺术品，在我国古代玉器中占有重要的地位。

　　魏晋南北朝时期的玉剑饰发现不多。辽宁北票北燕冯素弗墓出土的玉剑首，雕琢流云纹，纹饰简单，工艺水平远逊于汉代玉剑首。玉剑璲的形制有的已经简化，有的和汉代一般剑璲的形状相同，而纹饰多为兽面卷云纹。湖北宜昌东吴墓所出的玉剑璲，器形已简化为长方形銎状，纹饰也变为简化的兽面卷云纹。江苏镇江东吴墓和南京板桥镇石闸湖晋墓出土的玉剑璲，形制和汉代剑璲相同，表面纹饰都是兽面卷云纹。兽面卷云纹在西汉后期的玉剑璲上已出现，魏晋时期成为剑璲上流行的纹饰。

日常用玉和艺术玉雕的新成就

　　秦汉时期的皇室贵族，不仅在祭祀、丧葬等重大礼仪活动中大量使用玉器，而且在日常生活中也喜欢使用玉制的器皿和用具。《史记》和《汉书》都记载，汉高祖刘邦建立汉王朝后，曾于九年（公元前198年）冬十月在刚落成的未央宫前殿大办酒席，为他的父亲太上皇祝寿，并夸耀自己在事业上取得的巨大成就。当时刘邦向太上皇祝酒的酒杯就是玉卮（音 zhī）。卮是一种圆筒形的酒器。用玉雕琢成的玉卮在先秦时期就相当流行，《韩非子·外储说右上》有"千金之玉卮"的记载。汉代继续制作、使用玉卮和卮形器物。满城刘胜墓出土的一对铜灯，自铭为"卮灯"。灯作圆筒形，有盖，一侧有一把，状似现在的茶缸子。除玉厄外，据《史记》、《汉书》记载，汉文帝时曾"得玉杯，刻曰人主延寿"。所谓"玉杯"，有可能是高足杯。

考古发掘出土的秦汉日常用玉，包括玉容器和各式各样的玉制日常生活用品。

玉制的容器　此类玉器出土不多，但很重要，主要的有厄、耳杯、高足杯、角形杯、盒、镶玉盖杯、镶玉厄和玉砚滴等。

玉厄和玉耳杯都出土于狮子山楚王陵。玉厄由器身和器盖组成，器身圆筒形，饰勾连谷纹，上下各有一周卷云纹饰带，底部有三个兽首形足；器盖当中为花瓣形圆纽，周围有三个螺旋形凸纽。这是已知考古发掘出土的唯一汉代玉厄。玉耳杯为椭圆形，由整块玉料琢成，通体抛光，无纹饰。满城刘胜墓出土两件料耳杯，器形与楚王陵玉耳杯相同。

玉高足杯的杯身略呈圆筒形，杯足下有圆形杯座。早期的高足杯刻有细致的纹饰，晚期的高足杯为素面。西安西郊阿房宫遗址出土的秦代玉高足杯，直口深腹，杯足有凸棱，杯身饰勾连谷纹，杯的口沿和下腹部刻饰卷云纹、柿蒂纹和花瓣纹花纹带，纹饰纤细华丽，雕琢工艺纯熟精湛，应属宫廷皇室或高级贵族用玉。狮子山楚王陵出土两件高足杯，杯身饰兽面纹和勾连云纹。西汉南越王墓所出的高足杯结构最为精巧、复杂。全器由玉杯、杯托和承盘三部分组成，杯身和杯足为分别雕成。杯身饰勾连谷纹，上下有卷云纹、花瓣纹花纹带；杯足中部略鼓，饰花瓣纹。杯托为花瓣形玉片，刻饰卷云纹，中部有圆孔，用以托杯。承盘为铜质，下有三足，腹部饰三个银铺首（见图35）。
这件杯的器形和纹饰同阿房宫遗址出土的高足杯类似，
二者应有一定的渊源关系。广西贵县罗泊湾1号汉墓
出土的一件高足杯，杯足的形状略有不同，既无凸棱，
中部也没有鼓起。杯身饰勾连谷纹，上下各有一周勾
连云纹带，纹饰较上述两件略有简化。咸阳马泉汉墓
所出的高足杯，属西汉晚期，器形和罗泊湾1号汉墓
的高足杯基本相同，但平素无纹饰。

　　玉角形杯、玉盒、镶玉盖杯和镶玉卮都出土于南
越王墓。玉角形杯虽有传世品，但在考古发掘中尚属

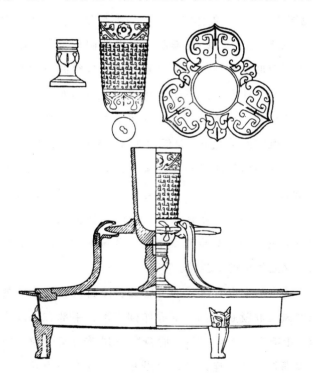

图35　南越王墓所出玉高足杯

第一次发现。玉角形杯原用丝绢包裹，出土时残迹尚存。杯作牛角形，杯身浮雕卷缠的夔龙纹，近底部为圆雕，并衬托以浮雕的卷云纹和阴刻的勾连云纹。全器集阴刻、浅浮雕、高浮雕和圆雕等技法于一体，造型奇特，纹饰层次分明，纹样生动流畅，是汉代玉器中的珍品。玉盒为圆形，盒身和盒盖为子母口，盖纽有活环，纽座为浅浮雕八瓣柿蒂纹，盖面饰勾连涡纹、勾连雷纹等纹样，盖里饰对称的双凤纹，盒身的纹饰和盖面纹饰基本相同，圜底下有小圈足，通体打磨光亮，纹饰雕琢精细，是一件十分难得的汉代玉容器（见图36）。镶玉盖杯的杯身类似玉高足杯，镶嵌长方形、花瓣形玉片；杯盖隆起，当中镶圆形玉片。镶玉卮为圆筒形，器身镶嵌9块雕饰勾连谷纹的长方形玉片，并有一环形玉鋬（音 pàn），器底镶圆形玉片，器盖饰3个弯月形玉饰。这两件镶玉鎏金的铜器，金玉结合，既牢固又美观，是汉代镶玉工艺中的杰作。

玉砚滴出于江苏邗江甘泉老虎墩东汉墓，器形作飞熊跪坐状，腹中空，头顶有圆孔，上置银盖，似小帽。熊张口卷舌，背有双翼，右前掌托灵芝仙草，左前掌下垂身侧。此器造型奇特，雕琢精细，既是实用器，又是优美的工艺品。

传世品中也有汉代的玉容器，故宫博物院收藏的玉夔凤纹卮就是一例。玉卮作圆筒形，中部有一环形鋬，上有盖，下有三足，卮身雕琢凤首方折夔纹，空间填满谷纹及勾连云纹，口沿和底边各有一周卷云纹带，近足处有兽面纹，卮盖浮雕三鸟形纽，当中有一

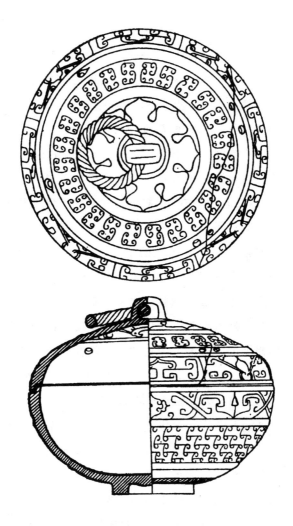

图36 南越王墓所出玉盒

花形圆纽。玉质优良，雕琢精细，堪称汉玉珍品。

玉制的日常用品 秦汉的玉制日常生活用品有玉带钩、玉枕、玉案、玉杖首、玉印章等。

玉带钩在我国出现的时间很早，在距今四五千年的良渚文化遗址中就曾发现原始的玉带钩。这种带钩作长方形扁平状，一端有一横穿的圆孔，另一端弯曲成钩状，可用于穿带系挂。春秋战国时，玉带钩已经定型，墓葬中屡有发现。秦汉时期，玉带钩更为流行，在造型和制作工艺方面都有较大的发展，王侯贵族的墓中出土不少制作精致的玉带钩。秦墓出土的玉带钩，在构造上可以分为两类：一类是用整块玉料碾琢而成的带钩，钩部一般作禽首或兽首的形状，属于传统形式的玉带钩；另一类由多节玉块组成，首尾作龙、兽形，如河南泌阳秦墓出土的玉带钩，由 10 节白玉组成，当中以金属扁条贯穿成器，首尾均作龙头形，钩身饰勾连雷纹，雕琢细腻，造型生动。鲁城乙组 3 号墓所出的一件玉带钩，结构、器形和纹饰都和泌阳秦墓带钩相类似。这类玉带钩的结构较为复杂，钩身分节制成，雕琢较为方便，当中贯穿金属条，比较牢固，制作工艺比前一类带钩又前进了一步。

西汉的玉带钩和秦代一样，在构造上也可分为两类。一类由整块玉料雕琢而成，钩部多作龙首、兽首或鸭首形，有的背部还有浮雕的龙、兽装饰。南越王墓出土的一件龙虎并体玉带钩，钩首雕作虎头，钩尾雕成龙首，龙、虎双体并列，龙嘴和虎爪共攫一玉环，造型奇巧，是汉代玉带钩中少见的佳品（见图 37）。另一类玉带钩较少见。南越王墓所出的一件，由 8 节组成，当中以铁条贯穿，雕琢成龙、虎合体的形象，钩部作龙首形，另一端为虎头形（见图 38）。这类玉带钩的结构，与上述泌阳秦墓所出带钩相同，可能渊

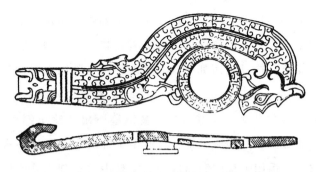

图 37 南越王墓所出龙虎并体玉带钩

源于战国时期。东汉时期的玉带钩都由整块玉料雕琢
而成。定县中山王刘焉墓所出的一件，器形细长，钩
首作龙头形，钩尾为虎头形，钩身用阴线刻饰勾连云
纹，刻工精细，纹饰简洁流畅。洛阳东关汉墓出土的
一件，钩首作龙头形，钩身为琵琶形。山东嘉祥范式
墓所出的一件，钩首雕成鸭头状。带钩一般为腰带上
所用的钩，其中一些短小型的带钩，可能是腰带上用
于悬挂佩玉、佩剑等物的小钩。

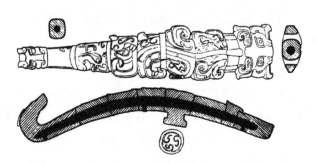

图 38 南越王墓所出龙虎合体玉带钩

汉代玉枕的制作有几种不同的方法，有的用长方
形玉版镶拼而成，有的是在铜框上镶嵌玉饰制成，也

有的用整块玉料雕成。满城中山王刘胜墓所出的镶玉鎏金铜枕，是铜枕中最为精美者。其两端为镶玉鎏金的龙首，枕身四面都镶玉，枕面所镶玉版饰图案化的云纹，两侧玉版为怪兽纹，纹饰由透雕加阴线刻成，装饰甚为华丽（见图39）。窦绾墓所出的镶玉铜枕，外表鎏金，并镶嵌玉饰，从所镶玉饰的形状和纹饰观察，显系用玉璧改制而成的。定县中山王刘焉墓所出的玉枕，则用整块青玉雕成，枕面及两侧浅刻阴线变形云纹，重13.8公斤，是玉枕中罕见者。

图39　满城1号墓所出镶玉铜枕

玉案出于河北蠡县汉墓中，略作长方形，下有四矮足。玉杖首在贵县罗泊湾2号汉墓中出土一件，作龙头形，颈部刻饰鳞片，龙身作扭索状。传世的玉杖首有作鸠形的。《风俗通义》载，汉高祖刘邦曾"作鸠杖以赐老者"。鸠形玉杖首应即"鸠杖"上的玉饰。

以玉作为印章，盛行于秦汉时期。秦代以来，天子的印称为玺，以玉制成，只有皇帝才能用玉玺。汉代继承秦代的制度，以玉为玺。陕西咸阳渭河北塬狼家沟出土的玉玺，玉质晶莹，印纽雕作螭虎形，印文篆刻"皇后之玺"四字。卫宏《汉旧仪》记载："皇帝六玺，皆白玉，螭虎纽。文曰：皇帝行玺、皇帝之玺、皇帝信玺、天子行玺、天子之玺、天子信玺，凡六玺。""皇后玉玺文与帝同。皇后玉玺，金螭虎纽。"这件玉玺的印文和印纽与上述文献记载相符，又出在汉高祖长陵和吕后陵附近，可能是吕后生前所用的玉玺。从出土和传世的玺印资料考察，汉代皇帝、皇后用玉玺，诸侯王也可以使用玉质的玺印。满城中山王刘胜墓所出的两方玉印，也是螭虎纽，但未刻印文。该墓出土的一些小印，也是玉质的。东汉时期的玉印出土不多，山东梁山柏木山东汉墓所出的两方玉印，上有小兽纽及穿系佩带的小孔。除玉印外，还有用玛瑙制成的印章，如江苏邗江甘泉 2 号汉墓所出的玛瑙印，印纽雕作虎形。

汉代的艺术玉雕，基本上都是圆雕的艺术品，虽然在数量上不算很多，但代表了汉代玉器雕琢工艺的高度发展水平。满城中山王刘胜墓所出的玉人王公，是圆雕的人物像。玉人束发戴冠，凭几而坐，底部阴刻铭文"维古玉人王公延十九年"十字。从铭文内容考察，这件雕成王公形象的玉人，既是艺术品，又是厌胜辟邪之物。咸阳汉元帝渭陵附近出土的玉鹰、玉熊、玉辟邪、玉仙人奔马等，都用和田玉制成，雕琢精致，形象优美，应属西汉宫廷艺术品。其中玉仙人奔马为白玉圆雕而成，仙人头系方巾，身穿短衣，两手扶着马颈；马身带羽翼，作奔腾前进状，四足踏着刻饰云纹的长方形托板，象征仙人骑飞马遨游于太空。全器造型优美，雕琢精细，形象生动逼真，是十分珍贵的汉代玉雕艺术品。巨野红土山汉墓出土的玉马、广州汉墓所出的玉猴、西安北郊汉墓所出的玉燕则属小型的艺术品。东汉的玉雕艺术品，以定县中山王刘畅墓所出的玉座屏最为杰出。玉座屏由四片玉组成，两片作为两侧的支架，雕作连璧形，璧内透雕龙纹；另两片为上、下层的玉屏片，透雕"东王公"、"西王母"以及人物、鸟兽和神化动物等形象，是一件罕见的艺术珍品。徐州土山东汉墓出土的一件绿松石饰物，雕琢成大鸽喂小鸽的形状，刻工细致，形象逼真，十分生动可爱，是难得的汉代微雕作品。

魏晋南北朝时期的日常用玉，有玉杯、玉樽、玉盏等容器，有玉带钩、玉带具、玉印等日常生活用品。洛阳涧西魏正始八年（247 年）墓所出的玉杯，其器形和贵县罗泊湾 1 号汉墓出土的玉杯基本相同，但通体平素无纹饰。湖南安乡西晋刘弘墓出有玉卮和玉樽。玉卮略呈长筒形，下有三足，一侧有环形鋬，饰浅浮雕花纹，口沿为卷云纹带，卮身以谷纹为地，上有龙、凤及兽面纹。玉樽为圆筒形，两侧有兽首环形耳，底部有三个熊形足。器身饰三道凹弦纹带，将外壁纹饰分为上、下两段。上段浮雕夔龙翻腾于云雾之中，云端还有羽人；下段浮雕夔龙卷云纹，云气中也有羽人。樽内残留墨迹，可能是洗笔用的。这件玉樽的造型和纹饰都具有汉代风格，可能是东汉的遗物，也是玉器中难得的珍品。玉盏发现于辽宁北票十六国北燕冯素弗墓中，盏形似碗而腹部稍浅，口沿饰弦纹一周。玉盏是这时期新出现的器类。

玉带钩的器形一般较小，钩首多作龙头形。南京象山 7 号东晋墓所出的玉带钩，正面浮雕凤鸟纹，雕琢较为精致。玉带具中较重要的有上海博物馆收藏的透雕龙纹鲜卑头，略作长方形，边框有小孔，用于钉缝在衮带上。边框内透雕一卷曲矫健的玉龙，龙身饰鳞纹、网格纹，中部有一周围突起的圆槽，其他部位也有许多小圆槽，原来应有宝石之类的镶嵌物，可惜已脱落无存。背面两侧刻铭文两行，一行为"庚午，御府造白玉衮带鲜卑头，其年十二月丙辰就，用工七百"；一行为"将臣范许，奉车都尉臣程泾，令奉车都尉关内侯臣张余"。从铭文的内容和书体考察研究，这件自铭为"鲜卑头"的玉带具，应是南朝刘宋元嘉七年（430 年）十二月初四由"御府"属下的宫廷玉器手工业作坊制成，前后共用了 700 个工作日。它属于宋文帝御用的物品，是皇帝衮衣上的衮带头。经学者研究，这件玉带具应是带扣对面的饰牌，其前端稍残，以后经过加工修琢。玉印出土不多，印纽有桥纽、龟纽、螭虎纽等。南京北郊郭家山 1 号东晋墓出土两件玉印，一件为龟纽，一件为螭虎纽，螭虎的形象已远不如满城刘胜墓玉印上的矫健有力。

秦汉魏晋南北朝时期的玉器，在中国玉器文化史上占有重要的地位。这一时期，一方面以礼仪用玉和丧葬用玉为主体的中国古典玉器的传统虽已近于尾声，但还继续存在，其中丧葬用玉还有所发展；另一方面用于装饰和鉴赏的玉雕艺术品也已出现，并达到了一定的水平，为下一时期玉器文化的新发展创造了良好的基础。

六 中国玉器文化发展的
新时期

（公元 7 世纪至 19 世纪）

 ## 玉器的世俗化和实用品的增多

经过魏晋南北朝 300 多年的分裂、战乱之后，先后出现了全国统一的隋代和唐代。尤其是唐代，在大部分统治时间内，国家安宁，人民得到休养生息，封建经济空前繁荣，制玉手工业也有明显的发展。两宋时期，虽然在政治上不如唐代强盛，但城市经济进一步繁荣，各种手工业（包括玉器制造业）也继续得到发展。

唐宋时期，由于社会经济的发展，学术与艺术呈现一片繁荣的景象，人们的思想和意识形态也产生了较为明显的变化，玉的神秘化和神圣化思想比以前大大减弱了，迷信玉能保护尸体的思想基本上已不存在，而玉器在现实生活中的应用，却明显扩大了，因而在玉器的器类和社会功能方面都有了新的发展和变化。同时，在唐宋时期，由于绘画、雕塑等艺术的高度发

135

展，也直接或间接地影响了琢玉艺术，因而玉器在造型、纹样和艺术风格等方面也发生了前所未有的变革。中国玉器文化进入了一个新的发展时期。

唐代的礼仪用玉，根据《旧唐书·礼仪志》记载，有祭祀上帝用的玉牒，有用于"封禅之祭"的玉策。玉策有4枚，"其一奠上帝，一奠太祖座，一奠皇地祇，一奠高祖座"。封禅祭祀也用圭、璧等玉器。唐代及其以后祭祀用玉，是"以玉事神"的传统思想和制度的残余，在当时也只是一种礼仪排场而已。唐代的祭祀用玉，多数是假玉。唐玄宗天宝十载（751年）曾下诏规定："礼神六器，宗庙奠玉，并用真玉，诸祀用珉。"除祭神和祖宗用真玉外，其他各种祭祀都用珉（即假玉）。这也说明当时对祭祀用玉并不十分重视。

考古发掘出土的唐代礼仪用玉，主要是玉册。所谓"册"，是古代帝王祝告天地、宗庙或册立后妃、皇太子、诸王、大臣所用的文书。将册文刻在玉简上，然后编连成册，即为玉册。《新唐书·百官志》记载："凡王言之制有七，一曰册书，立皇后、皇太子，封诸王，临轩册命，则用之。"其实玉册应用的范围相当广泛。《旧五代史·礼志下》记载："魏晋郊庙祝文书于册。唐初悉用祝版，唯陵庙用玉册。明皇亲祭郊庙，用玉为册。"此外，皇帝即位时使用刻有即位册文的玉册，皇帝、皇太子的哀册、谥册等也用玉册。

唐代的玉册，多数出在帝王、太子的陵墓中，少数为遗址中所出。出土玉册的唐五代十国陵墓有懿德太子李重润墓、惠昭太子李宁陵、自称皇帝的史思明墓、南唐二陵（李昪、李璟）、前蜀王建墓等；洛阳唐代宫城遗址内也出过玉册。唐惠昭太子陵所出的玉册数量最多，也最为重要，共出 127 枚，其中 29 枚属《册邓王为皇太子文》，98 枚属《惠昭太子哀册》。史思明墓出哀册、谥册各 1 套。懿德太子墓、南唐二陵、前蜀王建墓所出的玉册都是哀册。洛阳唐宫城遗址出土的玉册共 10 枚，其中 6 枚为唐哀帝即位玉册，其余 4 枚不详。哀帝是唐朝的最后一个皇帝，于开平二年（908 年）被朱全忠杀害，其玉册出土时散乱堆放在一起，可能是哀帝被害后在战乱中毁弃的。

从上述出土资料考察，玉册都由若干枚玉简连编而成。玉简的长度一般在 30 厘米左右，宽度为 3 厘米左右，长与宽的比例大致为 10：1。但也有例外，如南唐李昪的哀册长 16 厘米、宽 7 厘米左右，长与宽的比例约为 2：1。玉简的两端各有一小孔，用于连编成册。册文皆阴刻，楷书体，字内填金。关于玉册的形制，《旧唐书·礼仪志》记载，玉策"皆以金绳连编玉简为之，每简长一尺二寸，广一寸二分，厚三分，刻玉填金为字"。看来玉册的形制与文献记载的玉策基本相同。

玉册的质料则不尽相同。懿德太子哀册为大理石质，哀帝玉册、惠昭太子玉册、史思明玉册都是汉白玉，王建玉册为白色大理石，李璟玉册为石灰岩，只有李昪的玉册是用浅绿色或白色玉制成的。可见名为"玉册"，实际上多数是用似玉的石料（所谓"珉"）制成的。

隋唐时期的贵族官僚、富商大贾等上层社会的日
常生活中，虽然新兴的金银器占有重要的地位，但是
玉器的使用仍然相当普遍，使用的范围也比以前扩大
了。当时人们的日常用玉大致可以分为生活用品和装
饰品两大类。

生活用品 主要有玉器皿和玉用具两种。玉器皿
中以玉杯最为重要，器形和纹饰也比较多样化。西安
西郊隋代李静训墓所出的一件玉杯，制作十分精致。
杯大口深腹，下有假圈足，口部内外包镶金片，成为
"金口玉杯"。这种以金银镶口的工艺，在汉代高级漆
器中相当流行，镶金的漆器称为"黄金扣器"，镶银的
漆器称为"白银扣器"。在玉杯口沿镶包黄金，应是受
漆器中金、银扣器的影响而出现的新工艺，这在玉器
中颇为罕见。西安南郊何家村唐代窖藏出土的一些用
玉、水晶、玛瑙等制成的杯子，其中一件八瓣花形玉
杯作八曲椭圆形，外壁饰浅浮雕缠枝卷叶纹，杯下有
圈足；一件水晶八瓣花形杯，杯身呈八曲莲瓣形。这
两件杯的造型具有某些西亚的艺术风格。还有一件角
形玛瑙杯，总体作牛角形，圆口，中空，角尖雕成羚
羊仰首状，羊嘴镶以金套，双目圆睁，双角弯曲细长，
连接于杯口，造型极其优美，形象十分逼真，是玛瑙
器中极佳的作品。欧洲、西亚流行动物形或动物首部
形象的角形杯，这件玛瑙杯的器形明显受西方的影响，
是中西文化交流的产物。另一件玛瑙杯作椭圆形，状
似古时的耳杯。此外，在传世品中也有属于唐代的玉
杯。故宫博物院收藏多件唐代玉杯，如青玉椭圆形杯、

青玉单把杯、青玉单耳椭圆花形杯、白玉单耳椭圆形杯、白玉莲花形杯等。青玉椭圆形杯外壁用阴线刻出 6 个人像，人物手持器物，似在做器乐表演。青玉单把杯杯口呈椭圆形，外壁饰浅浮雕流云纹，一侧有透雕流云形杯把。青玉单耳椭圆花形杯杯口为海棠式，口沿一侧有一片状云头形耳，中部有一桃形孔。白玉单耳椭圆形杯杯身光素无纹饰，杯耳为环形，上部雕出花瓣纹。白玉莲花形杯圆口深腹，高圈足，口部饰圆圈纹和阴线纹，象征莲花的花蕊，腹部隐起两层莲瓣，杯身酷似一朵盛开的莲花。这件玉杯的造型与西安韩森寨唐乾封二年（667 年）段伯阳墓所出的青釉高足钵有相似之处，可能受瓷器的影响。

玉用具保存至今的不多，其中以玉带最为突出。所谓玉带，即以玉为带饰［唐人称"銙"（音 kuǎ）］的腰带。玉带在北周墓中就有发现。陕西咸阳底张乡石安原北周若干云墓中曾出土保存完整的玉带，由玉带扣、玉带銙、玉扣环、玉铊尾（玉带末端的玉饰）等组成。玉带銙共 9 个，其中 8 个下附椭圆形玉环。西安郭家滩隋姬威墓也曾出土玉带的构件，有玉带扣、方形带銙、椭圆形带銙等。唐代关于腰带带銙的等级制度，前后有不同的规定。据《新唐书·车服志》记载，唐朝初年曾规定，贵族官僚的腰带一品、二品以金为带銙，六品以上以犀，九品以上以银，庶人以铁。可见当时尚未实行以玉为带銙的制度。《唐会要》载，高宗上元元年（674 年）重新规定，文武官三品以上才能使用 13 銙的金玉腰带，四品及其以下只能使用金、银等其他质料的带铐，而且铐的数目也逐级减少。高级贵族以玉为带铐的习俗，可能是从盛唐时期开始流行的。

唐代的玉带铐，主要出土在唐代都城所在地的西安地区。西安南郊何家村唐代窖藏中出土了10副保存完好的玉带铐，是唐代玉带铐的一次重大发现。其中有一副完整的白玉九环玉带，有方形玉带铐11枚，其中9枚附玉环，此外还有3枚尖拱形带扁穿孔的带铐以及带扣、带头、铊尾各1件。根据实物资料和文献记载，学者曾对这件白玉九环玉带进行了复原的尝试。其他9副根据贮藏玉带铐的银盒内的墨书题记，被定名为：碾文白玉纯方铐、白玉纯方铐、有孔白玉方铐、斑玉带铐、深斑玉带铐、更白玉带铐、骨咄玉带铐、白玛瑙铰具、碾文白玉带铐。这9副玉带除碾文白玉带为14铐外，其余都是13铐，多数有方铐和圆铐两种，少数全为方铐。除带铐外，一般还有带扣、带头和铊尾。这些玉带铐多数为素面，只有碾文白玉纯方铐和碾文白玉带铐刻有纹饰，"碾文"应即"碾琢纹饰"的意思。白玉方铐雕饰各种形态的狮子纹，其中有人面立狮和人面卧狮图像。白玉带铐以剔地隐起和细线阴刻相结合的技法，分别碾琢出姿态各异的人物形象，或奏乐，或舞蹈，具有较高的艺术水平。

西安南郊丈八沟曾出土一批玉带铐，共39块。从带铐的玉质及造型、纹饰考察，可以分为3副，每副13块，包括12块方形铐和1块长方形铊尾。玉带铐都雕饰剔地隐起的人物图像，方形带铐为胡人奏乐或侍

奉图，长方形铊尾为正在跳舞的胡人形象。这种雕琢
胡人乐舞图像的玉带铐，在西安地区的唐墓中常有发
现，形象大同小异。唐昭陵附近出土的一件玉带铊尾，
为白玉制成，剔地浮雕胡人起舞图像。胡人长发卷曲，
身着窄袖长袍，腰间系带，脚穿长靴，飘带高扬于头
顶，脚下为椭圆形地毯。这种舞蹈或即唐代从西域传
来的"胡腾舞"或"胡旋舞"。这些舞蹈在当时的长
安城内十分流行，传说唐明皇、杨贵妃和安禄山都能
跳胡旋舞。

除陕西外，河南、四川、广东等省的唐墓中也曾
出土玉带铐，但数量远不及西安地区。

唐代的玉带，最早可能是从西域传来的，主要是
来自于阗国。《新唐书·李靖传》记载，唐高祖武德四
年（621年），李靖破萧铣时，"所赐于阗玉带，十三
胯（即铐），七方六刓（音 wán），胯各附环，以金固
之，所以佩物者。"李渊赐给李靖的玉带，史书明确记
载是"于阗玉带"。《旧唐书·于阗传》载，唐贞观六
年（632年）于阗国"遣使献玉带，太宗优诏答之"。
《新唐书·于阗传》记载，直至唐德宗时期，朝廷还曾
派内给事朱如玉去安西"求玉于于阗，得圭一，珂佩
五，枕一，带胯三百"等玉器。可见当时于阗国制作
玉带的手工业相当发达，这当然和"其国出美玉，俗
多机巧"有直接的关系。此外，西安何家村窖藏所出
玉带铐中，有一副"骨咄玉带铐"。《新唐书·西域
传》记载，骨咄或称珂咄罗，开元年间曾遣使朝贡。
骨咄玉带铐可能来自西域骨咄国。西安地区许多碾琢

胡人乐舞图像的玉带銙，可能多数是于阗等西域诸国的制品，当然也不排除有些是长安玉工的仿制品。在于阗玉带碾琢技艺的影响下，当时长安城内碾琢玉带銙的手工业也相当发达，有专为皇室服务的宫廷玉工，还有民间私营的玉器手工业作坊。新、旧唐书《柳浑传》记载，唐德宗贞元年间（785～804年），玉工为皇帝制作玉带，不小心摔坏一块玉带銙。玉工不敢告诉皇帝，而私自到市场去买一块别的玉带銙补上，结果被皇帝识别出来，玉工差一点被处死。这个记载说明当时的统治者对玉带的重视，同时也说明不仅宫廷玉工能碾琢玉带銙，而且在市场上也有玉带銙出售。

装饰品　唐代的玉装饰品包括各种玉首饰和玉佩饰，主要有钗、簪、梳子、戒指、手镯以及各种玉佩等。

玉钗为双股，是隋唐时期贵族妇女常用的发饰。西安隋代贵族少女李静训墓出土玉钗、水晶钗各三件。玉钗都用白玉制成，上部较下部略宽，双股等长，下端呈尖状。水晶钗的双股比玉钗短，制作也十分精致。西安西郊唐墓所出的两件玉钗，也是白玉制成，钗的顶部作拱形，双股较为粗短。

玉簪的簪首为玉质，下部则为金属，多已残缺。西安唐兴庆宫遗址内出土玉簪首多件，都作片状，两面碾琢纹饰。其中一件碾琢鸳鸯花叶纹，鸳鸯展翅，双双嬉戏；另一件琢饰凤鸟花叶纹，凤鸟做展翅飞翔状；还有两对都碾琢成株的花叶纹，顶端雕一石榴，寓意吉祥"多子"。这几件刻花簪首都用白玉雕成，花纹布局匀称，繁而不乱，线条流畅，纹样新颖，应是宫廷妇女所戴的首饰。故宫博物院收藏的一件玉簪首，纹饰风格与上相同，采用透雕和阴线细刻相结合的技法，碾琢凤鸟牡丹纹饰，或称丹凤朝阳图案。其下部为金属簪插，已残缺。

玉梳、玉戒指和玉镯出土不多。故宫博物院收藏的一件唐代玉梳，略作半圆形，梳背饰透雕的勾连花叶纹，其下雕出梳齿40根，器形小巧玲珑，应为装饰品。浙江临安出土的一件五代时期的玉梳，梳背略作梯形，两面用阴线刻饰花纹，一面上部排列三朵盛开的荷花，下部当中也饰一花朵，两侧饰相向而立的对鸟；另一面纹饰的布局相同，而纹样有异，上部排列的三朵荷花作含苞待放状，两侧为印度神话动物摩羯纹。梳背下部有扁长的插榫，以便插接梳齿。故宫博物院的藏品中有类似的玉梳，梳背上部呈弧形，下部也有插榫；梳背的花纹有花叶纹的，也有展翅欲飞的鸿雁纹的。玉戒指在隋李静训墓中出土二件，器形相同，都作环形，内平外圆，剖面呈半圆状。玉镯以西安何家村唐代窖藏所出最为精美，由三节晶莹温润的白玉组成，雕琢规整的凸弦纹，三节之间用黄金制成的合页加以包镶连接，合页饰兽面纹，其制作工艺精细，金玉相互辉映，色彩鲜明，光辉夺目，是十分珍贵的镶金玉镯。

唐和五代时期的玉佩，继承了魏晋南北朝玉佩的传统，在器类和器形方面都颇为相似，悬挂方式可能也相同。器类主要有云头形玉佩、梯形玉佩和玉璜，都平素无纹饰。云头形玉佩略作椭圆形，有大小之分，大者左右镂刻2个大孔，上部有1个小孔，下部有3个小孔，用于系挂佩饰，应即文献记载中的玉珩。梯形玉佩上部有连弧形突起，正中有1个用于系挂的小孔。玉璜都是两端有小孔，悬挂时珩在上，璜在下。梯形玉佩只在上部当中有1个小孔，可能也是悬挂在下面的。陕西礼泉唐越王李贞墓出土大、小云头形玉佩各1件，梯形玉佩1件，玉璜2件。西安东北郊唐独孤思贞墓出土大、小云头形玉佩3件、梯形玉佩1件、玉璜2件，此外还有玉珠等玉饰。五代十国时期的南唐李璟墓出土的梯形玉佩，器形和唐墓所出的完全相同。

 玉器纹饰的新题材

在玉器纹饰方面出现许多新的题材，是唐宋时期玉器文化进入新的发展阶段的重要标志之一。玉器纹饰题材的创新，一方面是由于玉器工艺技术自身的发展，玉工在生产实践中不断积累经验，推陈出新；另一方面也和社会风尚以及思想意识形态的发展、变化有着密切的关系。

唐朝是繁荣强大的朝代，同时在思想文化方面又实行对外开放的政策，对西域文明等外来文化兼收并蓄。当时的首都长安城是一座国际化的大都市，居住着许多来自西域各国的商胡、僧侣等，在音乐、舞蹈、服饰以至于日常生活等方面深受西域文明的影响。在玉器雕琢中出现胡人乐舞的纹样，就是在这种社会背景的影响下产生的。

花鸟纹饰也是唐代新出现的题材，花卉纹样有牡丹、莲花、石榴等，鸟禽纹样除传统的凤凰外，有鸳鸯、鸿雁、寿带鸟等。上述簪首、梳背以及一些玉佩上碾琢的花鸟纹饰，极富生活气息，显然是受当时绘画艺术的影响而创作出来的新题材。

在佛教艺术的强烈影响下，飞天的形象成为唐朝玉雕艺术中盛行的题材之一。飞天是佛教中飞舞在空中的一种神，在佛教壁画或石刻中常见。玉雕飞天的出现，与佛教造像有着密切的关系。故宫博物院收藏的玉雕飞天为片状透雕而成，作凌云飞翔状，上身裸露，下着长裙，披帛飘扬，姿态婀娜动人。其身下雕出朵朵流云，象征飞天遨游于天空之中。飞天多数跣足，有的手持莲花、宝珠。辽代的玉雕飞天，造型虽大体相同，但艺术水平已远不如唐代。内蒙古翁牛特旗辽墓出土的一件飞天，头戴平顶冠，双手置于胸前，身下有简化的流云文。辽宁喀左白塔子辽墓出土的2件飞天，俯身昂首，头发后梳，双手合置胸前，身下也有流云，头顶有一向后伸出的角状物，似为飘扬的披帛。

宋结束了五代十国分裂动荡的局面，社会经济有了新的发展，城市繁荣，工商业兴旺发达。新兴的市民阶层消费水平不断提高，各种工艺品（包括玉雕在内）的需求量大增，因而除宫廷玉器作坊外，出现了规模较大的民间碾玉作坊和买卖玉器的店铺。据《东

京梦华录》、《梦粱录》等文献记载，北宋都城汴京和
南宋都城临安的工商业都十分发达。汴京城的相国寺
"每月五次开放，万姓交易"，"伎巧百工列肆，罔有不
集，四方珍异之物，悉萃其间"。临安城的"户口蕃
盛，商贾买卖者十倍于昔"，"万物所聚，诸行百市"，
城内诸行市共"有四百十四行"，经营各种买卖。从事
手工业劳动的作坊称为"作"，如碾玉作、腰带作、铺
翠作、裱褙作、油作、木作、竹作、石作、砖瓦作、
泥水作、金银打钑（音 sà）作等等。"碾玉作"就是
专门碾琢玉器的手工业作坊。还有一些名字较为特殊
的"行"，如买卖七宝者谓之骨（古）董行，经营的
范围应包括各种玉器，尤其是古玉。《西湖老人繁胜
录》记载，临安有一家"七宝社"，经营的玉器有玉
带、玉碗、玉花瓶、玉束带、玉劝盘、玉轸芝、玉绦
环、菜玉以及水晶、宝石、玻璃器等珍宝。可见当时
市场上出售的玉器种类是相当多的，主要是人们日常
生活中使用的玉器。

　　日常生活用玉的增多，是唐宋两代玉器共同的特
点。在玉器纹饰题材方面，宋代继承了唐代的传统而
有所发展和创新。出土的宋代玉带铐，虽也碾琢人物
图像，但人物的形象和服饰与唐代玉带铐不同。江西
上饶南宋赵仲湮墓出土玉带铐 9 枚，其中方形 7 枚，
桃形、长方形各 1 枚。除桃形为素面外，其余都有剔
地隐起的人物纹饰。方形带铐的人物皆盘腿而坐，或
奉物，或奏乐，或歌唱；长方形者为铊尾，人物作站
立状，右手执烛。人物束发带巾，穿宽袖长袍，和唐

代身着窄袖衣、脚穿长靴的胡人形象迥然不同。

　　玉器纹饰中的花鸟题材，宋代比唐代更为发达。以花鸟为题材的玉饰，造型多种多样，工艺水平很高。北京房山长沟峪金代石椁墓出土宋金玉器 11 件，其中 4 件是以花鸟为题材的透雕玉饰。一件雕琢比翼齐飞的双鹤，鹤嘴衔花枝，两鹤嘴尖相对，足部交叉，形成左右对称的图形；一件雕作盘卷在一起的竹枝，上端雕出 3 片竹叶，形态十分逼真；一件雕作折枝花株，枝叶扶疏，顶上为 9 朵小花组成的团花；一件雕出两株交结在一起的花叶，枝叶繁茂，花形和上件完全相同。该墓墓主为老年妇女，这 4 件玉饰应是她生前喜爱的装饰品。西安南郊曲江池遗址出土的宋代玉雕，雕琢成一只嘴衔花枝的展翅鹦鹉。故宫博物院收藏的传世宋玉中，也有一些花鸟题材的透雕玉饰。其中一件碾琢双鹤展翅飞舞在花丛中，鹤嘴共衔一环，造型风格和房山金墓出土的口衔花枝的双鹤玉饰基本相同。另一件略作半圆形，雕琢口衔花枝的展翅孔雀，花叶疏密有致，层次分明，具有宋代绘画的艺术风格。

　　宋代碾玉艺术的另一特色，是出现了绘画性的玉雕。这种玉雕为多层次的透雕，具有立体图画的效果，学者称为玉图画。西安郊区曾出土这类玉雕，其中一件画面上下碾琢飞鹤、立鹿和爬行的神龟，周围以青松、翠竹和灵芝作为背景，组成一幅象征"福禄寿"的立体图画。另一件为椭圆形，透雕多层次的螭龙穿花图，画面为一只螭龙穿游于枝繁叶茂的花丛间。传世的宋代玉器中，也有这类玉雕的精品，如故宫博物

147

院收藏的青玉镂空仙女图、白玉镂空五禽图等玉雕。前者透雕一幅天宫仙境的景象，松荫下站立一个身穿宽袖长裙的仙女和两个侍女，侍女身旁有仙鹤和灵芝；后者透雕花枝五禽图，五禽为孔雀、鹤、海东青、雉鸡和鹭鸶。宋代绘画艺术的高度发展，强有力地影响着各种工艺美术，玉雕工艺中玉图画题材的出现，显然是受到绘画艺术影响的结果。

宋代玉雕艺术中还有一种常见的题材，就是圆雕的婴童。婴童的造型极为生动，姿态各异，天真可爱，充满生活气息，是典型的世俗化玉器。婴童玉雕中最常见的是手执荷叶或荷花的儿童。这种执荷儿童玉雕的盛行，可能与宋代民间流行的习俗有密切关系。《东京梦华录》记载，汴京城内每年农历七月七夕（初七）前三五天，"车马盈市，罗绮满街，旋折未开荷花，都人善假做双头莲，取玩一时，提携而归，路人往往嗟爱。又小儿须买新荷叶执之，盖效鞶磨喝乐，儿童辈特地新妆，竞夸鲜丽"。《梦粱录》也记载，"七月七日谓之七夕节"，"儿童手执新荷叶，效摩睺罗之状，此东都流传，至今不改"。可见七夕节儿童手执荷叶的风俗习惯，本来流行于北宋汴京城，宋室南渡之后，临安城也流行开来。儿童执荷叶可能是仿效摩睺罗（即磨喝乐）的造型。摩睺罗是宋元时期用土、木等雕塑成的婴孩偶像，七夕节时供养之，后来成为儿童的玩具。宋代儿童执荷叶的玉雕，应是民间习俗在玉雕艺术中的一种反映。

儿童手执荷叶的玉雕（或称莲孩玉）在考古发掘

中出土不多。四川广汉宋代窖藏中曾出土两件执荷儿童玉雕。其中一件雕琢站立的双童子，童子头上有一似伞的大荷叶，右侧童子左手执荷叶柄部；另一件碾琢一盆荷花，荷叶下有一跪蹲的童子，双手前伸，似正在捉虫。至于传世的这类玉雕，则数量颇多，造型也多种多样。

 ## 金、元的"春水"玉和
"秋山"玉

在大量的传世古玉中，有两种纹饰题材颇为独特的玉雕作品。这两种玉雕的图案主题分别是鹘攫天鹅和山林虎鹿。它们的画面有特殊的意境和情趣，充满着浓郁的山林野趣和淳朴的北国风情。经学者联系山水壁画和传世卷轴画，并结合文献记载进行排比研究和深入考证，判断这两类玉器为表现我国东北地区契丹、女真等少数民族弋射田猎生活的玉雕，并将鹘攫天鹅和山林虎鹿题材的玉雕分别定名为"春水"玉和"秋山"玉，或"春水图"玉和"秋山图"玉。

北魏以来，契丹族在辽河上游一带过着游牧生活，以车马为家，逐水草迁徙。唐朝末年，契丹不断向外扩张，迭刺部首领耶律亿（阿保机）统一了契丹及邻近各部，并于10世纪初建立了契丹国家，公元947年（一说938年）建国号为辽。据《辽史·营卫志》记载："辽国尽有大漠，浸包长城之境，因宜为治。秋冬违寒，春夏避暑，随水草就畋（音 tián）渔，岁以为常。四时各有行在之所，谓之捺钵。"契丹皇族随着寒暑的变化，一年四季到不同的地方去居住，进行渔猎活动，居住的"行在"或"行营"称为"捺钵"。

《辽史》所记的春捺钵为鸭子河泺，在长春东北35里，"皇帝正月上旬起牙帐，约六十日方至。天鹅未至，卓帐冰上，凿冰取鱼。冰泮，乃纵鹰鹘捕鹅雁。晨出暮归，从事弋猎。""皇帝冠巾，衣时服，系玉束带，于上风望之，有鹅之处举旗，探骑驰报，远泊鸣鼓。鹅惊腾起，左右围骑皆举帜麾之。五坊擎进海东青鹘，拜授皇帝放之。鹘擒鹅坠，势力不加，排立近者，举锥刺鹅，取脑以饲鹘"。这里所说的"鹅"，就是天鹅。海东青鹘是一种猛禽。《文献通考》记载："海东青者小而健，能擒天鹅，爪白者尤以为异，出于五国之东，契丹酷爱之，然不能自致。"契丹用于擒天鹅的海东青鹘，是由"五坊"官署专门饲养的。

《辽史》所记的秋捺钵"曰伏虎林。七月中旬自纳凉处起牙帐，入山射鹿及虎。林在永州西北五十里。尝有虎据林，伤害居民畜牧。景宗领数骑猎焉，虎伏草际，战慄不敢仰视，上舍之，因号伏虎林。每岁车驾至，皇族而下分布泺水侧。伺夜将半，鹿饮盐水，令猎人吹角效鹿鸣，既集而射之。谓之舐碱鹿，又名呼鹿"。

《辽史·兴宗纪》记载，重熙三年（1034年）正月"辛卯，如春水"；秋七月"壬辰，如秋山"。可见"春捺钵"和"秋捺钵"也可泛称"春水"和"秋山"。

　　女真族原居住在黑龙江流域，1115年建立国家，国号金，历史上称为金朝。金朝的皇族继承契丹的遗俗，春秋两季也有出外游猎的习惯。《金史》本纪中常有"如春水"、"如秋山"的记载。《金史·章宗纪》载，明昌六年（1195年）冬十月"丁巳，以岁幸春水、秋山，五日一进起居表，自今可十日一进"。金朝的皇帝每年去"春水"、"秋山"游猎，可能已成定制。

　　金人常服中的盘领衣和束带（称为"吐鹘"），也有饰以"春水"、"秋山"特定图案的规定。《金史·舆服志下》记载："其衣色多白，三品以皂，窄袖，盘领，缝腋，下为襞积，而不缺袴。其胸臆肩袖，或饰以金绣，其从春水之服则多鹘捕鹅，杂花卉之饰，其从秋山之服则以熊鹿山林为文。""吐鹘，玉为上，金次之，犀象骨角又次之。……其刻琢多如春水秋山之饰。"以上记载说明，金代"春水"题材的纹饰主要是鹘捕天鹅和花卉；"秋山"题材的纹饰主要是熊鹿山林。"春水"、"秋山"成为当时具有特定内容的纹饰题材。

　　以"春水"和"秋山"为纹饰题材的玉雕，在考古发掘中出土甚少，多数为传世的玉器。经学者研究后认为，现存的"春水"玉和"秋山"玉最早应是金代碾琢的，是女真族最具民族特色的艺术品。故宫博物院收藏的金代"春水"玉有白玉鹘攫天鹅饰、青玉鹘攫天鹅饰、青玉环托鹘攫天鹅饰、白玉鹘攫天鹅带环、青玉鹘攫天鹅铊尾等。从"春水"玉的造型和纹饰考察，可以分为两大类：一类是单纯的圆雕鹘攫天鹅，不加花卉；一类是镂雕的鹘攫天鹅，并点缀以荷、芦等"杂花卉之饰"。这两类又都有用环衬托和不用环衬托之分。"秋山"玉的数量较少，黑龙江绥滨奥里米古城金墓所出的一件"秋山"玉，由白玉透雕而成，略作三角形，两边各雕一树，树梢于上角相交，树下透雕雌雄双鹿，双鹿的上方有一只飞翔的大雁，描绘出一派秋天的景象。故宫博物院收藏的青玉双鹿钩鞢、白玉柞树双鹿鞢、青玉虎鹿鹰鹊双面雕等，也属金代"秋山"玉作品。其中青玉双鹿钩鞢和白玉柞树双鹿鞢是革带上的玉饰件。前者碾琢粗犷，纹饰简朴，具有民间艺术的格调，其制作年代可能较早，应属金代早期的制品，也不排除属于辽代的可能，是辽金时期难得的玉雕作品。后者镂雕二鹿游玩于柞树间，充满山林野趣，属金代中期作品。青玉虎鹿鹰鹊双面雕，镂雕树木、灵芝、鹰、鹊、奔鹿、蹲虎，虎、鹿同时出现在画面上，与契丹秋捺钵"入山射鹿及虎"的记载相符。这件玉雕可能也是金代中期碾琢的。"秋山"玉与"春水"玉相比，前者多表现山林野兽和平共处、宁静安闲的情景，和后者鹘鹅搏斗、紧张激烈的气氛迥然不同，表现了女真民族性格的另一面。

　　总之，"春水"玉和"秋山"玉是以汉族玉工为主体的金代玉匠吸取女真族生活养料而创造出来的玉雕艺术品，具有鲜明的女真族色彩，在我国玉器发展史上占有一定的地位。

　　1234年，金朝被蒙古族所灭。蒙古族也是依靠狩猎畜牧为生的游牧民族，和女真族有相同或相似的生活环境和生活方式，所以在玉雕工艺上元代继承了金朝"春水"、"秋山"玉的传统。在考古发掘和传世品中都曾发现属于元代的这类玉雕。江苏无锡元代钱裕墓出土的"春水"玉饰，也是以鹘攫天鹅为题材，正面镂雕一只张口展翅的天鹅，潜入荷丛之中，荷上有一只飞翔的海东青鹘，正回头寻觅，伺机擒捕，周围点缀以荷花等杂花卉；背面以椭圆形环衬托。这件玉雕的造型和纹饰风格与金代青玉环托鹘攫天鹅饰相类似，所不同者只是这件玉雕表现鹘飞荷上回首寻觅的瞬间，扩大了表现空间，更富有感染力，设计巧妙，碾琢精细，是金元时期"春水"玉的佳作。故宫博物院收藏的古玉中，也有属于元代的"春水"、"秋山"玉。如青玉圆雕鹘攫天鹅纽、青玉海东青攫天鹅纽、青玉群鹿纽等。"春水"玉中有鹘攫天鹅加荷芦等"杂花卉之饰"的，也有不加"杂花卉之饰"的。元代的"春水"、"秋山"玉，使用地域更为广阔，达到江南地区；在形制上趋向复杂化和立体化，多被用作器纽；在碾琢技艺上也更加成熟。

"春水"、"秋山"玉对明清玉器有较大的影响。明清两代，以鹘捕天鹅和山林群鹿为主题的玉器仍有发现，但因时代不同，在形神两方面的表现都不及金元同类玉器，明显地已走向下坡路。

精雅繁多的明代玉器

明朝初年，朝廷采取了一系列有利于发展生产的措施，促进了社会经济的恢复和发展。随着农业和手工业的发达，玉器制造业也逐渐得到恢复，明代中晚期进入了发展时期。当时碾琢玉器的地点，除京师北京外，还有苏州、南京、杭州、和田等处，其中以苏州的碾玉手工业最为发达。北京和苏州成为南北两地的碾玉中心。明宋应星的《天工开物》说："良玉虽集京师，工巧则推苏郡。"当时，朝廷虽然依靠政治力量，通过多种途径将许多和田"良玉"运来北京，但碾玉的工艺水平之高，仍然首推苏州。

明代晚期，苏州的商业和手工业都十分繁荣，其中碾玉手工业不仅工艺水平很高，生产规模也很大，因而造就了许多能工巧匠。最负盛名的琢玉巨匠当推陆子刚。他生活在明嘉靖、隆庆、万历年间，其艺术实践主要在苏州。据文献记载，陆子刚碾玉，技压群工，很受皇帝赏识。明人张岱称赞陆子刚治玉是"吴中绝技"，"俱可上下百年，保无敌手"（《陶庵梦忆》）。在现存的传世品中，有陆子刚题款的玉器数量很多，仅故宫博物院的藏品中，就有壶、杯、洗、盘、方盒、笔格、墨床、磬、佩、璜、觽、簪、带钩、花插等约30件，款式有阴刻的也有阳刻的，字体有篆隶也有楷体，纹饰题材多种多样。此外，国内许多文物、博物馆单位也有这种藏品，国外也不乏收藏。学者认为，这批具有子刚款的玉器，"风格杂陈，优劣悬殊，真赝混淆，有待鉴别"。

考古发掘出土的子刚款玉器为数不多。北京小西天清墓出土的玉卮为圆筒形，带盖。盖顶正中有一圆纽，周围饰三只昂首卧狮，盖面及外沿分别琢兽面纹、勾连云纹，卮身外壁在勾连谷纹上隐起螭虎纹和夔凤纹，一侧有环形把，把上凸雕一象首，象鼻内卷成一孔，可以穿系，平底，下有三兽足，卮把内有剔地阳文篆书"子刚"二字。从造型和纹饰观察，此卮是模仿汉代玉卮的仿古玉器。该墓墓主是年仅 7 岁的黑舍里氏，属满族正黄旗，父亲为清朝太子太傅、户部尚书、保和殿大学士索额图，祖父是康熙辅政大臣索尼。所以，这件玉卮应属清朝皇室贵族的用玉，可能是明代大师陆子刚碾琢的真品。

制作仿古玉器，在宋代就很流行，明代的制作技术更加成熟。据明人笔记所载，当时苏州一带的玉工，摹拟汉宋碾琢仿古玉器的风气十分盛行，能够采取许多技术措施，以达到以假乱真、卖得高价的目的。上述玉卮可能就是在这种背景下碾琢而成的仿汉玉器。

明代的玉器比元代更为发达，从皇室贵族、大小官僚以至富商地主都广泛用玉。宦官王振死后被抄家，抄出的金银财宝中有玉盘 100 个；原为太监钱能家奴的钱宁被抄家时，抄出的玉带多达 2500 束。当时玉器的数量之多、使用之广泛由此可见一斑。

明代初期玉器　这时期的玉器可以南京北郊明初大将汪兴祖墓和山东邹县明鲁王朱檀墓所出的玉器为代表。主要的器类有玉带、玉佩等服饰用玉，玉砚、玉管笔、玉笔架、玉押、水晶镇纸、水晶砚滴等文房用玉，还有葵花形玉杯、玉圭等。

汪兴祖墓所出的金镶玉带，用羊脂白玉碾成，共

14块，其中带铐12块，4块呈葵花形，雕镂云龙戏珠纹，另8块为莲瓣形，饰流云纹；铊尾2件，作长莲瓣形，镂雕云龙纹。玉带具纹饰流畅，玲珑剔透，以金片衬托背面并镶边，金玉相衬，更显得富丽华美。这副玉带碾琢于明洪武四年（1371年）之前，带有宋元遗风。朱檀墓出土2副玉带。一副由25节组成，带头3节是用双层金片镶托宝石和珍珠，还有金带扣2个，玉带铐多作长方形，透雕灵芝纹，并用金片包镶，金片也镂雕花纹。另一副系在死者身上，由23节素面玉带铐组成。朱檀死于洪武二十二年，这两副玉带反映了明代初期亲王所用玉带的形制和规格。此外，故宫博物院收藏的白玉镂雕蟠龙纹带板，计有大长方形铐8块、小长方形铐4块、桃形铐6块、铊尾2块，共20块。纹饰为透雕的蟠龙、祥云、海水、山崖等图案，可能是明初皇帝所用的玉带。

成组玉佩都出自朱檀墓，共两副，其中一副饰描金云龙纹。每副2件，每件成组玉佩的组合是花形佩下系椭圆形珩，珩下系5串玉珠，中间缀以瑀、琚，下垂玉璜、玉滴、玉花。成组玉佩的上部有一玉钩，用以悬挂在腰部两侧。

文房用玉、葵花形玉杯、玉圭等也都是朱檀墓所出。其中葵花形玉杯杯身作盛开的5瓣花形，杯内浮雕5瓣小花蕊，杯外镂雕折枝花叶构成杯柄和杯托，雕琢精细，构图巧妙，是该墓所出玉器中最为精美的一件。

明代中期玉器　这时期的玉器，比较集中地出在上海、江苏、江西等省、市。其中以江苏南京魏国公徐俌墓、江西南城益端王朱祐槟墓、上海陆氏墓等所出的玉器最具代表性。此外，故宫博物院、天津市艺术博物馆等单位的藏品中也有不少。这时期的玉器主要有玉带、玉首饰、玉佩饰、玉器皿和陈设用玉等。

玉带多由 20 块玉带銙组成。徐俌墓出土两副玉带，一副为白玉雕花玉带，玉带銙有长方形和桃形两种；另一副为碧玉镶金玉带，玉带銙为素面，以金片镶边，带扣和铊尾用金托，其他带銙用铜托，形状则与白玉雕花玉带相同。两副玉带的带銙都是 20 块。朱祐槟的一副玉带为白玉雕成，带銙也是 20 块。甘肃兰州明兵部尚书彭泽夫人的一副玉带，现存 18 块玉带銙，其中大长方形銙 8 块，小长方形銙 4 块，桃形銙 4 块，铊尾 2 块，纹饰为透雕花鸟纹。

上海陆氏墓出土的玉首饰，有白玉束发冠、白玉簪、白玉观音插扦、白玉戒指等。其中玉簪共 2 件，为一对。簪的上端镂雕一站立在方座上的立兽，簪体四面阴刻螭龙纹，并分别刻双勾楷书铭文"寿比南山"、"福如东海"。该墓还出土一些玉佩饰，如白玉童子佩、白玉鱼形佩、白玉镂空佩饰等。白玉童子天真活泼，左足独立，右足抬起作登跳状，腿上伏一螭虎，左肩上有一鸟，衣襟飘扬，脑后有一孔，可穿系佩挂。鱼形佩作鱼衔荷叶漫游水中的形象。镂空佩饰上半部呈圆形，透雕连续绦环，下半部呈长方形，框内透雕曲折纹，中心镂空开光，状似窗棂。

玉器皿和陈设用玉多为传世品，数量不少。玉器皿有青玉花卉纹灵芝耳杯、青玉螭耳杯、碧玉螭耳杯、青玉乳丁纹双耳杯、青玉竹节形壶等。其中竹节形壶的壶身、壶柄、壶嘴都雕成竹节形；壶盖当中雕琢一坐式老人，一手扶膝，一手执灵芝，背靠山石。这件玉壶宜茶宜酒，其制作与明代中期文人崇尚清高生活和绘画中流行松、竹、梅主题等有密切关系。陈设用玉有鼎、簋、觚、匜、卮等，多仿自青铜彝器，属仿古玉器。

此外，还有一些肖生玉器，如青玉狗、青玉马、青玉骆驼、青玉蟹、青玉龙首龟、青玉角端香薰等。其中有现实动物，也有神话中的祥瑞动物。

明代晚期玉器　这时期的玉器主要出在北京、上海、江西、江苏、浙江等省、市的明代陵墓中，特别是北京昌平明万历皇帝定陵、江西南城明益宣王朱翊鈏夫妇合葬墓、益定王朱由木夫妇合葬墓、江苏南京沐睿墓等所出的玉器尤为重要。这些陵墓出土的玉器多属宫廷用玉，代表了明代玉雕艺术的最高水平。还有一些商人、地主的墓葬也出土不少玉器，多数为小型的日常用玉和玉装饰品，属于民间玉器。这些玉器可能是民间玉器手工业作坊碾琢的，然后作为商品在"骨董行"等玉器店铺中出售。

明代晚期玉器的种类与中期的差不多，有服饰和礼仪用玉、玉首饰、玉器皿和陈设用玉等。

服饰和礼仪用玉主要有玉带、玉佩和玉圭。玉带的带铸多数仍是 20 块。定陵出土的万历皇帝玉带共 10 条，玉带铸由羊脂玉、碧玉制成，都完好无损。每条玉带的带铸多少不等，最多为 20 块，最少为 9 块。具有 20 块带铸的玉带占多数，共 6 条。带铸的形状有长条形、长方形、桃形等。有的带铸还衬以鎏金银托，即所谓"金镶玉带"。益宣王朱翊鈏的玉带为羊脂玉制成，素面，原当为 20 块，已缺 1 块，现存 19 块。王妃李英姑的玉带保存完好，玉带铸有心形、长方形和圭形，共 20 块，背面都有 3 对或 4 对斜穿孔。王妃孙氏的玉带有两副，一副为素面，由 20 块带铸组成，形制与李妃玉带相同，出土时围在死者腰部；另一副由青玉制成，共 16 块，有长方形、桃形、瓜形等不同形状，表面浮雕牡丹并描金，形制较特殊，出土时包在绢内。益定王朱由木的玉带有两副，一副由墨玉制成，玉带铸现存 9 块，有长方形、长条形和桃形，均无纹饰；另一副由白玉制成，现存玉带铸 6 块，透雕花卉图案，长方形和桃形带铸在花卉图案中还透雕一"喜"字。王妃黄氏的玉带仅存 1 块，也是透雕花卉图案。王妃王氏的玉带保存完好，玉带铸共 17 块，方形的 7 块、长条形的 3 块、桃形的 5 块、长方形的 2 块，除长条形的透雕花卉图案外，其他均透雕带翼麒麟、山石、树木、花卉图案，雕镂精美。故宫博物院收藏的明代晚期玉带，有镂雕锦纹地及仙人、婴戏图案的。

玉佩主要也是出在定陵和亲王及王妃的墓中。定陵出土的玉佩共 7 副，每副 2 件，为 14 件。其中一类玉佩上有金钩，钩下为玉珩，珩下系 5 串玉珠，中间连缀 4 排玉饰。第一排和第三排为瑀、琚，第二排为玉花，第四排为玉滴、玉冲牙和珩形饰；在玉珩、玉花和珩形饰上有描金龙纹，其他玉饰上有描金花朵及卷云纹。整套玉佩共用玉珠 236 颗。另一类玉佩，顶端为璜形鎏金铜提头，下面系 4 串叶形玉饰，并缀以不同质料的饰件，其中有玉花、水晶花、玉桃、绿松石慈姑叶、玉蝉、玉鱼、玉蟾蜍、玉鸳鸯等。益宣王朱翊鈏的玉佩，由珩、瑀、琚、璜、滴、珠等组成。王妃孙氏的玉佩，由珩、瑀、琚、璜、冲牙、鱼、滴、珠等组成，上有金钩，钩内刻铭文"银作局嘉靖元年六月内造金五钱"。益宣王朱翊鈏和王妃的玉佩，在风格上和万历皇帝的玉佩基本相同，但组合比较简单，体现了亲王与皇帝之间的等级差别。

玉圭都出在帝王墓中。定陵出土 8 件玉圭，其中 4 件饰谷纹，1 件刻四山纹，1 件中间起脊，2 件为素面。益宣王妃李氏和孙氏，益定王妃王氏，以及明中期益端王妃彭氏等棺内都发现谷纹玉圭。这些玉圭为礼仪用玉。

玉首饰主要出自定陵，如孝端皇后的镶珠宝玉龙戏珠金簪、白玉花托寿字镶宝石金簪；孝靖皇后的镶玉花珠宝鎏金银簪、白玉立佛镶宝石鎏金银簪、白玉兔捣药金镶宝石耳坠等，都是工艺水平极高的装饰品。这些首饰的特点是金玉宝石巧妙结合，相互辉映，显得格外富丽华贵。其中白玉寿字金簪，在簪的背面刻铭文"万历戊午年造"，说明这件金簪是万历四十六年（1618 年）制造的。

玉器皿在考古发掘中出土不多。定陵所出的有玉执壶、玉爵、玉盂、玉碗、双耳玉杯等。玉壶底部有一椭圆形金托。玉爵下有一镶嵌宝石的金托盘。玉盂下有木托，盂和托都放置在镂空金盒内。玉碗上有镂空金盖，下有金托盘。双耳玉杯下有镶宝石的鎏金银托盘。这些金玉结合的器皿，都出自万历皇帝棺内，是皇家玉器的杰出代表。北京小西天出土的玉壶，壶盖顶部雕一鸳鸯形纽，壶的肩部浮雕两个对称的螭虎头，其间琢饰仙鹤，壶的腹部饰水波鲤鱼纹，壶把为透雕龙形，壶底有三矮足。

传世的玉器皿较多，其中以玉壶和玉杯最具特色，数量多，造型和纹饰也较多样化，这可能和当时饮茶喝酒之风盛行有关系。故宫博物院收藏的青玉莲瓣壶、青玉菱花式执壶、青玉婴戏图执壶、青玉八仙图执壶等，都是明代中晚期玉执壶中的佳品。其中婴戏图执壶壶盖狮纽的下方刻有"子刚"二字款，当为一代名师陆子刚的作品。玉杯的形制更是异彩纷呈，花样繁多。故宫博物院收藏的青玉双螭耳杯、青玉镂空葵式杯、青玉连枝桃式杯、青玉"子冈"款桃式杯、青玉菱花双耳杯、青玉芝竹寿字单耳杯、青玉竹节杯、青玉松荫策杖斗式杯等，在造型设计和纹饰图案上各有特点，都是工艺水平较高的佳品。

陈设用玉多为仿古玉器，如传世品中的青玉兽面纹方觚、青玉龙把匜（音 yí）、青玉荷叶形洗、青玉灵芝花插、"子冈"款茶晶梅花花插等。茶晶梅花花插是水晶俏色作品，在花枝之间雕琢阳文"疏影横斜，暗香浮动"八字，下刻"子"、"冈"一圆一方印，是明代难得的艺术珍品。

繁荣发达的清朝玉雕艺术

清代是我国历史上最后一个封建王朝。清朝初年，政府采取各种措施恢复和发展经济，同时努力经营边疆，使边疆地区的经济、文化获得较大的发展，对我国多民族统一国家的形成和巩固做出了很大贡献。随着国家的统一和巩固，经济的发展和繁荣，清朝的玉器制造业得到了空前的发展，达到了我国玉雕艺术的最高峰。

从清朝建立到康熙（1644～1722年）年间，朝廷以恢复、发展经济和巩固国家统一为中心任务，未能致力于发展琢玉等工艺美术事业，加上盛产玉料的新疆地区尚未统一，玉材来源困难，因而玉器制造业发展缓慢，停留在继承和恢复的阶段。康熙时，江宁织造上贡的玉器多为前代遗留下来的旧玉；贵族墓葬中出土的玉器，大部分也是明代或更早的制品。传世品中属于这个时期的玉器，和明末同类器物十分相似，说明当时的琢玉工艺还处在继承阶段，未创造出新的艺术风格。经过雍正（1723～1735年）年间的继续恢复和发展，到了乾隆（1736～1795年）时期，清代的琢玉工艺发展到了鼎盛时期。尤其是乾隆二十五年（1760年）清军进入南疆，统一了天山南北之后，新疆和阗地区和叶尔羌地区所产的优质玉料，以顶替赋税的办法上交给官府，每年分春秋两次上贡朝廷。据清宫档案记载，嘉庆十七年（1812年）之前，和田、叶尔羌二处每年贡玉四千余斤，有时多达两三万斤。玉料大量输入，促使玉雕工艺进一步发展。乾隆皇帝本人对玉器也非常喜爱。由于以上种种原因，乾隆时期玉器的种类之多，玉料之美，雕琢技艺之精湛，使用范围之广泛，超过了历史上任何一个朝代。从乾隆延续到嘉庆初年，是清代玉器的全盛时期。道光以后，社会动荡不安，帝国主义列强入侵，中国沦为半封建半殖民地社会，琢玉手工业也逐渐衰微。

清代的琢玉手工业，从中期开始已十分繁荣发达。当时清宫的"造办处"、苏州和扬州是全国碾琢玉器的三大中心。

清代宫廷里的"造办处"，属内务府管辖，是为皇室制造所需器物的管理机构，下设有"玉作"，承造玉器、玛瑙、珠宝等制品。"玉作"里的玉工多数是从苏州、扬州等地征调来的高手，宫廷里又有充足的玉料，具有其他地区无法具备的优越条件。但是玉工的创作实践受到严格的限制，他们要按照皇室贵族的旨意雕琢玉器，个人的技术专长得不到充分、自由的发挥。从有关造办处的档案材料可以看出，至乾隆初年，"玉作"的主要任务往往是对原有玉器进行改作、刻款、镌字以及给器物配盖、配座等，独立创作的作品很少。从乾隆中期开始，情况有所好转，玉作碾琢的玉器日益增多，但仍然不能充分发挥其优势，其琢玉成就还是赶不上苏州和扬州。

苏州是手工业繁荣发达的城市，在琢玉工艺方面有着十分优秀的传统。明朝晚期，苏州的碾玉工艺水平之高就居全国之冠，当时的琢玉巨匠陆子刚主要就在苏州从事艺术创作。清代的苏州继承并发展了琢玉手工业的优良传统，成为全国首屈一指的碾玉中心。苏州的碾玉业已发展成为独立的行业，集中在专诸巷一带，生产规模大，还有明确的专业分工。当时专诸巷的碾玉作坊日夜开工，一片繁荣景象。清《高宗御制诗》有"专诸巷里工匠纷，争出新样无穷尽"句，可见乾隆皇帝对专诸巷的琢玉技艺是很欣赏的。故宫博物院收藏有大量的清代玉器，其中不少工艺水平很高的作品，都是苏州专诸巷玉工碾琢的。

扬州地处南北大运河交通冲要，在唐代就是对外贸易的海港之一，明清时期为两淮盐运中心，工商业发达，经济、文化繁荣。清代，扬州又是许多著名画家聚集的地方，在绘画艺术方面具有良好的传统。在这样优越的条件下，扬州的琢玉手工业也十分发达。扬州玉雕的突出特点，是把绘画艺术和琢玉工艺紧密地结合起来，创作出许多巨型的玉雕艺术品。故宫博物院收藏的《大禹治水图》玉山、《秋山行旅图》玉山、《会昌九老图》玉山等大型玉雕，都是扬州玉工碾琢的。这些玉雕碾琢时多以古代绘画作为蓝本或重要参考资料，是玉雕工艺和绘画艺术相结合的杰出作品。据清宫造办处档案记载，《秋山行旅图》玉山是乾隆三十一年冬奉旨碾琢的，开始时在宫廷中的造办处琢制，后因进度缓慢，难以完成，又奉旨运往扬州琢制，完工后由水路运回北京。由此可见，扬州玉工碾琢大型玉雕的技艺确有独到之处。

　　清代的琢玉地点，从中期以后逐渐扩大了。除上述三大碾玉中心外，江苏南京、浙江杭州、广东广州、江西九江、河北长芦以及新疆的伊犁地区等，琢玉手工业也有所发展。

　　清代的玉器种类繁多，按其用途大致可分为饮食用玉、日常用玉、玉装饰品、玉陈设品、文房用玉和宗教用玉等。饮食用玉主要有碗、碟、盘、盆、壶、杯、盏和盏托，还有仿古的觚、觥等酒器。日常用玉有盒、罐、奁、唾盂、薰炉、烛台、烟嘴、鼻烟壶等。玉装饰品有各种各样的佩饰、香囊、朝珠、发簪、发箍、手镯、扳指等。玉陈设品有大型的玉山，仿古的玉鼎、玉簋、玉樽、玉彝、玉钫、玉壶、连环佩、双连璧等。文房用玉有玉管笔、笔筒、笔洗、笔架、水盂、墨床、玉砚、玉镇纸等。宗教用玉有造像、五供、七珍、八宝以及各式各样的香炉等。此外，还有圭、璧、玉磬等礼仪用玉，这些礼玉器形简单，雕琢也比较粗糙，其工艺水平远不如其他类型的玉器。

　　从以上介绍的玉器种类可以看出，清代的统治阶级使用玉器的范围是很广泛的。尤其到乾隆时期，皇室贵族日常生活中的各个方面几乎没有不用玉器的。当时的能工巧匠不仅继承了历代玉雕技艺的优秀遗产，并且在造型和纹饰方面也有不少创新，使琢玉工艺达到了鼎盛时期，给我国古代玉器文化作了完满的总结。

结束语

　　中国玉器文化延续了近万年的时间。至迟从新石器时代早期开始，人们已把玉作为美的化身，这是古人赋予玉的第一个功能。到了新石器时代晚期，由对玉的美化发展为对玉的神秘化、神圣化，把玉作为神灵的代表或沟通神灵、祖先的神物，这是古人赋予玉的第二个功能。奴隶社会时期，玉进一步被等级化、礼仪化，成为为等级制度服务的重要礼器之一，这是古人赋予玉的第三个功能。历史发展到奴隶社会向封建社会过渡的春秋战国时期，主张"德治"的儒家学派认为玉有许多美德，提倡"君子比德于玉"，于是玉又被道德化、人格化了，这是古人赋予玉的第四个功能。两汉时期，葬玉得到空前的发展，人们迷信玉能保护尸体不朽，这是古人赋予玉的又一功能。经两汉到魏晋南北朝，以礼仪用玉和丧葬用玉为主体的中国古典玉器时代基本结束，中国玉器文化从此过渡到一个新的时期。隋唐以后，"以玉事神"的思想虽继续存在，并一直延续到封建王朝结束，但礼仪用玉已经降到很次要的地位，玉器已由神秘化走向世俗化，为现实社会生活服务的制品发展为玉器中的主流。

从上述玉器发展的过程可以看出，中国玉器从原始社会开始，就和意识形态联系在一起。它和古代人们的生活习惯、宗教信仰、祭祀礼仪、政治思想、道德信条、丧葬制度等息息相关，这是任何其他质料的器物所不能比拟的。玉器文化因此而成为中国古代文化的重要组成部分，在中国文化思想史上占有一定的地位。深入了解玉器文化，对全面了解中国古代传统文化具有重要的意义。

自从人类进入阶级社会后，玉器主要被统治阶级所占有，为皇室贵族和上层社会的人们所享用，成为他们显示身份、地位和从事各种活动的用品。但是绚烂多彩的玉器本身却是玉工们辛勤雕琢出来的，它们展现了我国古代劳动人民的聪明智慧和创造才能。中国古代玉器不仅是中华民族文明的珍贵遗产，也是世界艺术宝库中的一枝奇葩。

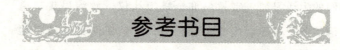

参考书目

1. 杨伯达主编《中国玉器全集》（1~6 卷），河北美术出版社，1991~1993。

2. 浙江省文物考古研究所等：《良渚文化玉器》，文物出版社、两木出版社，1990。

3. 闻广：《辨玉》，《文物》1992 年第 7 期。

4. 任式楠：《中国史前玉器类型初析》，《中国考古学论丛》，科学出版社，1993。

5. 邓淑蘋：《中国新石器时代玉器上的神秘符号》，《故宫学术季刊》第 10 卷第 3 期，台北故宫博物院编辑出版，1993。

6. 张长寿：《西周的葬玉——1983~1986 年沣西发掘资料之八》，《文物》1993 年第 9 期。

7. 夏鼐：《汉代的玉器——汉代玉器中传统的延续和变化》，《考古学报》1983 年第 2 期。

8. 卢兆荫：《玉振金声——玉器·金银器考古学研究》，科学出版社，2007。

《中国史话》总目录

系列名	序号	书名	作者
物化历史系列（28种）	30	石器史话	李宗山
	31	石刻史话	赵超
	32	古玉史话	卢兆荫
	33	青铜器史话	曹淑芹　殷玮璋
	34	简牍史话	王子今　赵宠亮
	35	陶瓷史话	谢端琚　马文宽
	36	玻璃器史话	安家瑶
	37	家具史话	李宗山
	38	文房四宝史话	李雪梅　安久亮
制度、名物与史事沿革系列（20种）	39	中国早期国家史话	王和
	40	中华民族史话	陈琳国　陈群
	41	官制史话	谢保成
	42	宰相史话	刘晖春
	43	监察史话	王正
	44	科举史话	李尚英
	45	状元史话	宋元强
	46	学校史话	樊克政
	47	书院史话	樊克政
	48	赋役制度史话	徐东升
	49	军制史话	刘昭祥　王晓卫
	50	兵器史话	杨毅　杨泓
	51	名战史话	黄朴民
	52	屯田史话	张印栋
	53	商业史话	吴慧
	54	货币史话	刘精诚　李祖德
	55	宫廷政治史话	任士英
	56	变法史话	王子今
	57	和亲史话	宋超
	58	海疆开发史话	安京

系列名	序号	书名	作者
交通与交流系列（13种）	59	丝绸之路史话	孟凡人
	60	海上丝路史话	杜瑜
	61	漕运史话	江太新　苏金玉
	62	驿道史话	王子今
	63	旅行史话	黄石林
	64	航海史话	王杰　李宝民　王莉
	65	交通工具史话	郑若葵
	66	中西交流史话	张国刚
	67	满汉文化交流史话	定宜庄
	68	汉藏文化交流史话	刘忠
	69	蒙藏文化交流史话	丁守璞　杨恩洪
	70	中日文化交流史话	冯佐哲
	71	中国阿拉伯文化交流史话	宋岘
思想学术系列（21种）	72	文明起源史话	杜金鹏　焦天龙
	73	汉字史话	郭小武
	74	天文学史话	冯时
	75	地理学史话	杜瑜
	76	儒家史话	孙开泰
	77	法家史话	孙开泰
	78	兵家史话	王晓卫
	79	玄学史话	张齐明
	80	道教史话	王卡
	81	佛教史话	魏道儒
	82	中国基督教史话	王美秀
	83	民间信仰史话	侯杰
	84	训诂学史话	周信炎
	85	帛书史话	陈松长
	86	四书五经史话	黄鸿春

系列名	序号	书 名	作 者
思想学术系列（21种）	87	史学史话	谢保成
	88	哲学史话	谷 方
	89	方志史话	卫家雄
	90	考古学史话	朱乃诚
	91	物理学史话	王 冰
	92	地图史话	朱玲玲
文学艺术系列（8种）	93	书法史话	朱守道
	94	绘画史话	李福顺
	95	诗歌史话	陶文鹏
	96	散文史话	郑永晓
	97	音韵史话	张惠英
	98	戏曲史话	王卫民
	99	小说史话	周中明　吴家荣
	100	杂技史话	崔乐泉
社会风俗系列（13种）	101	宗族史话	冯尔康　阎爱民
	102	家庭史话	张国刚
	103	婚姻史话	张 涛　项永琴
	104	礼俗史话	王贵民
	105	节俗史话	韩养民　郭兴文
	106	饮食史话	王仁湘
	107	饮茶史话	王仁湘　杨焕新
	108	饮酒史话	袁立泽
	109	服饰史话	赵连赏
	110	体育史话	崔乐泉
	111	养生史话	罗时铭
	112	收藏史话	李雪梅
	113	丧葬史话	张捷夫

系列名	序号	书　名	作　者	
近代政治史系列（28种）	114	鸦片战争史话	朱谐汉	
	115	太平天国史话	张远鹏	
	116	洋务运动史话	丁贤俊	
	117	甲午战争史话	寇　伟	
	118	戊戌维新运动史话	刘悦斌	
	119	义和团史话	卞修跃	
	120	辛亥革命史话	张海鹏	邓红洲
	121	五四运动史话	常丕军	
	122	北洋政府史话	潘　荣	魏又行
	123	国民政府史话	郑则民	
	124	十年内战史话	贾　维	
	125	中华苏维埃史话	温　锐	刘　强
	126	西安事变史话	李义彬	
	127	抗日战争史话	荣维木	
	128	陕甘宁边区政府史话	刘东社	刘全娥
	129	解放战争史话	朱宗震	汪朝光
	130	革命根据地史话	马洪武	王明生
	131	中国人民解放军史话	荣维木	
	132	宪政史话	徐辉琪	付建成
	133	工人运动史话	唐玉良	高爱娣
	134	农民运动史话	方之光	龚　云
	135	青年运动史话	郭贵儒	
	136	妇女运动史话	刘　红	刘光永
	137	土地改革史话	董志凯	陈廷煊
	138	买办史话	潘君祥	顾柏荣
	139	四大家族史话	江绍贞	
	140	汪伪政权史话	闻少华	
	141	伪满洲国史话	齐福霖	

系列名	序号	书名	作者
近代经济生活系列（17种）	142	人口史话	姜涛
	143	禁烟史话	王宏斌
	144	海关史话	陈霞飞 蔡渭洲
	145	铁路史话	龚云
	146	矿业史话	纪辛
	147	航运史话	张后铨
	148	邮政史话	修晓波
	149	金融史话	陈争平
	150	通货膨胀史话	郑起东
	151	外债史话	陈争平
	152	商会史话	虞和平
	153	农业改进史话	章楷
	154	民族工业发展史话	徐建生
	155	灾荒史话	刘仰东 夏明方
	156	流民史话	池子华
	157	秘密社会史话	刘才赋
	158	旗人史话	刘小萌
近代中外关系系列（13种）	159	西洋器物传入中国史话	隋元芬
	160	中外不平等条约史话	李育民
	161	开埠史话	杜语
	162	教案史话	夏春涛
	163	中英关系史话	孙庆
	164	中法关系史话	葛夫平
	165	中德关系史话	杜继东
	166	中日关系史话	王建朗
	167	中美关系史话	陶文钊
	168	中俄关系史话	薛衔天
	169	中苏关系史话	黄纪莲
	170	华侨史话	陈民 任贵祥
	171	华工史话	董丛林

系列名	序号	书名	作者		
近代精神文化系列（18种）	172	政治思想史话	朱志敏		
	173	伦理道德史话	马 勇		
	174	启蒙思潮史话	彭平一		
	175	三民主义史话	贺 渊		
	176	社会主义思潮史话	张 武	张艳国	喻承久
	177	无政府主义思潮史话	汤庭芬		
	178	教育史话	朱从兵		
	179	大学史话	金以林		
	180	留学史话	刘志强	张学继	
	181	法制史话	李 力		
	182	报刊史话	李仲明		
	183	出版史话	刘俐娜		
	184	科学技术史话	姜 超		
	185	翻译史话	王晓丹		
	186	美术史话	龚产兴		
	187	音乐史话	梁茂春		
	188	电影史话	孙立峰		
	189	话剧史话	梁淑安		
近代区域文化系列（十一种）	190	北京史话	果鸿孝		
	191	上海史话	马学强	宋钻友	
	192	天津史话	罗澍伟		
	193	广州史话	张 磊	张 苹	
	194	武汉史话	皮明麻	郑自来	
	195	重庆史话	隗瀛涛	沈松平	
	196	新疆史话	王建民		
	197	西藏史话	徐志民		
	198	香港史话	刘蜀永		
	199	澳门史话	邓开颂	陆晓敏	杨仁飞
	200	台湾史话	程朝云